U.S.A presidents

走近美国总统，洞悉传奇人生。走近美国历史，吸取成功经验。

★ ★ ★ ★ ★ ★ ★ ★
★ ★ ★ ★ ★ ★ ★ ★
★ ★ ★ ★ ★ ★ ★ ★
★ ★ ★ ★ ★ ★ ★ ★

白宫旧主

[美] 卡特·史密斯/著

徐炜韬/译

浙江工商大学出版社
ZHEJIANG GONGSHANG UNIVERSITY PRESS

图书在版编目（ＣＩＰ）数据

白宫旧主/（美）卡特·史密斯著；徐炜韬译 . —
杭州：浙江工商大学出版社，2017.9
（图说美国总统丛书）
ISBN 978-7-5178-2249-3

Ⅰ . ①白… Ⅱ . ①卡… ②徐… Ⅲ . ①总统—列传—
美国 Ⅳ . ① K837.127

中国版本图书馆 CIP 数据核字（2017）第 150620 号

白宫旧主

［美］卡特·史密斯 著　　徐炜韬 译

责任编辑	唐慧慧　任晓燕	
封面设计	思梵星尚	
责任印制	包建辉	
出版发行	浙江工商大学出版社	
	（杭州市教工路 198 号　邮政编码 310012）	
	（E-mail: zjgsupress@163.com）	
	（网址：http://www.zjgsupress.com）	
	电话：0571-88904980，88831806（传真）	
排　　版	北京东方视点数据技术有限公司	
印　　刷	北京彩虹伟业印刷有限公司	
开　　本	710mm×1000mm　1/16	
印　　张	16	
字　　数	280 千	
版 印 次	2017 年 9 月第 1 版　2017 年 9 月第 1 次印刷	
书　　号	ISBN 978-7-5178-2249-3	
定　　价	49.80 元	

前　言

阿伦·韦斯坦①

　　卡特·史密斯的这本书，风格轻松惬意，而且资料非常的翔实，读者在阅读之余能够一览美国最高行政长官们引人入胜的历史。那些想寻找历史背景的读者会发现，这本书是对美国总统这一职责和担任总统这一职位的人特别有帮助的介绍，从乔治·华盛顿直至乔治·W·布什。那些对总统非常感兴趣并且有一定了解的人，或者是专业的历史学家们，只要翻阅并浏览一下这本书，就会发现其中有一些被长期遗忘的资料和一些不太为人所知的历史事实。

　　本书的版式让读者阅读起来轻松而悠闲。它以精练的文字大致介绍了每一位总统的生平纪实及其在任职期间内发生的主要大事，并以时间为顺序列出了年鉴概要，此外还有第一夫人的档案、重大历史事件的评论以及与在职总统相关的名言引用。

　　细心的读者会发现，相比那些在任期内可能被认为不太重要的总统，对于那些可能在任期内产生了特别意义的总统，作者用了更多的笔墨，提供了更多更详尽的资料，其中有华盛顿、林肯、富兰克林·罗斯福和罗纳德·里根。读者的判断可能与作者的这些看法相同，也可能有所不

---

　　①　美国著名历史学家，第九任国家档案与文件管理局局长。由于他在国际事务中做出了巨大贡献，曾获得多项国际性奖励，1986年获得联合国和平奖章，1990年和1996年两次获得欧洲理事会银质奖章。他出版的书籍有《美国故事》《杯弓蛇影的丛林：在美国和斯大林时代的苏联间谍活动》《伪证：希斯—钱伯斯案》等，这些作品得到许多褒奖，包括"美国国家图书奖提名"。

同。例如，我们可能偶尔会有自己的观点，与史密斯先生的内容安排偶有分歧，但是，这并不会影响到通篇阅读本书的乐趣。

读者也许会对本书的部分内容产生特别的兴趣，如20世纪下半叶总统权力的演变以及政府三权分立的目的。从宪法的权力代表到担任总统这一职位的人，实际上，那时候每个人都真诚地希望值得信赖的乔治·华盛顿成为第一个担任这一职位的人，这些就预示了总统制后来的发展。甚至一些创始人也预料到了这一点。亚历山大·汉密尔顿①曾预言："会有这样一个时候，国家的所有重要问题都归结到这样一个问题上——谁将是下一届总统？"英国历史学家马库斯·坎利夫②认为，这个预言已经"被证实了，主要是因为总统职位之争已经达到了美国有组织的党派之间狂热的竞争巅峰"。

在我们这个时代，美国公众已经开始希望，实质上来说，是在要求他们的总统不管是在国际还是在国内的事务中都要表现出卓越的领导能力。而这种情况只在19世纪才发生过，林肯执政期间的内战时期就是一个非常明显的例外。从威廉·麦金莱（第二十五任总统）被刺后西奥多·罗斯福的就任开始，近代对权力强大的国家最高执政官的职位的追逐也开始了。罗斯福也被称作"TR"（Theodore Roosevelt的简写），关于他自己任职七年的经历，他说他发扬了"非常明确的总统哲学，我认为，总统应当是非常有权力的职位，他应该是毫不犹豫地运用各种权力的强人，但是他应该能够被人民严格地监督，并且对人民负有很大的责任"。

原书注：这本书中所搜集的关于每一位总统的事实和其他材料，以及为个别总统提供的观点都完全属于本书的作者卡特·史密斯所有。对于所有读者的评论表示感谢和欢迎！

① 亚历山大·汉密尔顿（1757~1804）：美国开国元勋之一，立国初期著名的政治思想家、政治活动家。1787年宪法的主要起草者，联邦党（即后来的共和党）的创始人之一。

② 马库斯·坎利夫：1922年生，现任英国萨塞克斯大学"美国研究"教授。其他著作还有关于乔治·华盛顿的论著，《美国19世纪初叶历史》《美国总统职位》《军人与平民》等书。

　　只有少数后来的继任者对TR的扩张前景和他的权威有争议。然而，甚至在更早的时候，一些美国总统在他们要采取特殊行动时，很少会优柔寡断地界定自己的权力，而是行动要求权力有多大有多广就界定得有多大有多广。

　　一页一页地翻阅本书，读者自己将会发现，总统权力有着多种多样的作用（当然，偶尔也有滥用的时候），而作为美利坚合众国的总统，每一位最高行政官在他的历史性时刻中都会经历成就和失败，戏剧和传奇剧，混乱和偶尔的悲剧。

目　录

立国初期的
美国总统

乔治·华盛顿

George Washington

第一任总统（1789~1797年任职）

"除了完成本职工作所获得的满足感和朋友们所给予的尊重以外，我从来没有想过因为自己的工作而得到任何奖赏。"

历史学家戈登·伍德说过："华盛顿是一个卓尔不凡的人物，他让普通民众统治国家成为可能。"当然，他那个时代很少有人被国民如此敬重。这位美国独立战争的英雄将缺乏训练的大陆军召集起来，在经受严冬及多次失败和撤退后，最终在约克镇击败英军，取得胜利。随后他便从军队退役，并且直到1787年被选举为立宪会议的主席时，才不情愿地结束短暂的休假。华盛顿不仅是当时最受青睐的总统候选人，而且也是唯一的候选人。

美国宪法的起草者——亚历山大·汉密尔顿、詹姆斯·麦迪逊、古维诺尔·莫里斯[①]等人在撰写宪法和创造强有力的总统制度时便考虑到了华盛顿。他成为历史上唯一一个全票当选的美国总统——而且不是一次这

---

① 古维诺尔·莫里斯（1752~1816）：美国政治家和财政专家，制宪会议的代表，曾参与起草美国宪法的最后草案。

样当选，而是两次。

然而，在华盛顿出任总统的时候，美国的总统制度和国家体系都还没有完全成型。华盛顿制定的决议为那些在费城提出的理论加入实际的内容。他定期召开部门的政要会议，为后来的内阁制度奠定了坚实的基础，这也成为后任总统一直遵循的标准做法。华盛顿认为总统工作和居住的场所应该在同一个地方。他协助未来首都的选址工作，并且参与规划和设计这个即将以他的名字命名的城市。

并不是没有人批评过华盛顿。杰斐逊曾指责他过于依赖财政部长亚历山大·汉密尔顿的建议。汉密尔顿倾向于建立一个强有力的联邦政府，并且改善同英国的关系。尽管如此，华盛顿总是能巧妙地平衡国内对立双方的利益。在华盛顿执政期间，对立阵营中产生出了大量政治党派，对此他感到非常遗憾，但是，同时他依然非常努力地向当时的人们灌输国家团结的思想。他心中装着的是美国未来的国民（也就是他所说的"尚未出生的千百万人"）和他们的最高利益。因此，他被称为美国的"国父"也就不足为奇。

生平纪实

出生： 1732年2月22日出生于弗吉尼亚州威斯特摩兰县的布里奇斯溪庄园。

血统： 英格兰。

父亲： 奥古斯丁·华盛顿，1694年出生于弗吉尼亚州威斯特摩兰县，1743年4月12日在弗吉尼亚州金乔治县逝世。

父亲的职业： 农场主、钢铁制造商。

乔治·华盛顿、玛莎·华盛顿和玛莎的两个孙辈莉诺（内莉）·卡斯蒂斯和帕克·卡斯蒂斯。

3

母亲：玛丽·鲍尔·华盛顿，1708年生于弗吉尼亚州兰的喀斯特县，1789年4月25日在弗吉尼亚州弗雷德里克堡附近逝世。

妻子：玛莎·卡斯蒂斯，1731年6月2日生于弗吉尼亚州新肯特县，1802年5月22日死于弗吉尼亚州芒特弗农。

婚姻：1759年1月6日在弗吉尼亚州新肯特县结婚。

子女：无，从他妻子的第一次婚姻中继养了两个孩子。

家庭住址：弗吉尼亚州芒特弗农。

教育：家庭私人教育。

宗教信仰：圣公会。

任职总统前的职务：测量员、士兵和农场主。

兵役经历：弗吉尼亚民兵、大陆军总指挥。

任职总统前的政务职位：弗吉尼亚伯吉斯议会议员，费尔费克斯县法官，第一、第二届大陆会议代表，立宪大会主席。

政党：无，倾向联邦党①。

就职年龄：57岁（1789年4月30日）。

离任总统后的工作：农场主。

逝世：1799年12月14日在弗吉尼亚州芒特弗农逝世。

墓址：弗吉尼亚州芒特弗农。

别名：老人、国家之父。

著作：《乔治·华盛顿原著作品集》。

（右起）华盛顿、汉密尔顿和杰弗逊。

---

① 联邦党：美国早期的全国性政党，提倡建立强大的中央政府，曾在1789～1801年掌权。联邦党人一名开始用于1787年，指的是新宪法的拥护者。最著名的联邦党人有马歇尔、金恩、皮克令和平克尼等。

第一夫人：玛莎·卡斯蒂斯·华盛顿
（Martha Custis Washington）

玛莎·卡斯蒂斯被她同时代的人描述为"简单、从容而高贵"。尽管她生长在一个富有的弗吉尼亚种植园主的家庭中，但是她并不厌恶繁杂的劳动，也不以此为羞。在她25岁的时候，第一任丈夫丹尼尔·派克·卡斯蒂斯上校去世，留给她一对年幼的子女，在这之后，她凭借一个人的能力管理着卡斯蒂斯的家产。后来，她与华盛顿结婚，在独立战争期间，她经常跟随华盛顿穿梭于军营之间，置危险于不顾，为士兵编制长袜。

在第二任丈夫也就是华盛顿当任总统之后，华盛顿夫人最初对公众生活很谨慎，但是她很快就进入了第一夫人的角色。她每个星期主持国

美国宪法起草，并选举华盛顿担任第一届总统。图中是他主持1787年费城制宪会议的开幕仪式。

宴，并且和约翰·亚当斯的夫人艾比盖尔一同主持非正式的招待会。玛莎·华盛顿是一个热情、优雅而且细腻敏感的女人，虽然身为第一夫人，但是她却并没有参与公众事务。

丑闻！公民热内事件

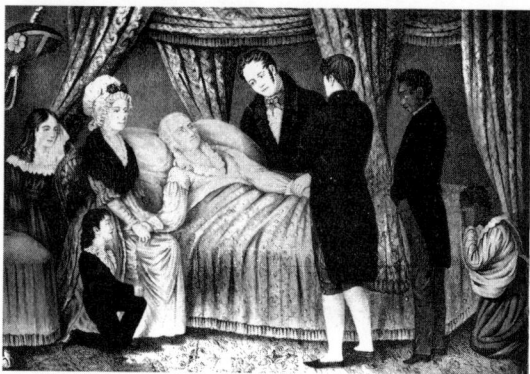

华盛顿在去世的前两天说道："我使别人为难，但是我不害怕死亡。"

1793年4月，在法国革命的激烈程度达到最巅峰的时候，法国政府将埃德蒙·查尔斯·热内（被广称为公民热内）送到美国宣传大革命，以获得美国对法国的支持。一到达加利福尼亚南部的查尔斯顿之后，热内就立即向美国政府呈送他的国书，而在此之前，热内就已经开始雇佣美国海军担任私人雇佣军，以对付在西印度群岛的英军。他周游美国的这一段时期里，在任何地方都能遇到支持法国的热情民众。然而，法国派他来美国还有一个目的，就是希望将美国卷入战争，当他公开要求美国人放弃华盛顿总统的中立宣言的时候，在亲英的联邦党人和亲法的民主共和党人的支持下，华盛顿要求法国召回热内。而正在这时，法国的新雅各宾政府已经掌权。热内的继任者在1794年到美国捉拿他的时候，华盛顿认为热内会被送上法国的断头台，然而他并不想夺去热内的生命，因此拒绝批准他们引渡热内，于是，热内得以继续留在美国，并且成为一名美国公民，后来和纽约市市长乔治·克林顿的一位女儿结了婚。

华盛顿的名言：

"对于一个人来说，幸福与否更多地源于他的内心感受，而不是外部的环境和物质方面的条件。"

——华盛顿给母亲玛丽·鲍尔的信，1787年5月15日

"让我感到不可思议的是：一个没有意识到民众的繁荣和幸福决定着他自己的荣耀与幸福的君主，却想着应该建立一个君主独裁的国家。而对于一个最高统治者来说，不仅让自己的名字永垂不朽，而且还要获得万众的祝福，这是多么容易的事情啊。"

——给拉斐德侯爵的信，1788年6月18日

关于华盛顿的评论：

"他是历史上最纯粹的人。"

——威廉·格来斯顿

"至于说到你，先生，在私人之间的交往和友谊中你曾经背信弃义，在公共生活中你伪善作秀。世人都陷入了迷惑之中，不知道你究竟是一个背信者，还是一个伪君子，也不知道你究竟是已经背弃了做人应有的优秀原则，还是你根本从来就没有过这样的原则。"

——托马斯·潘恩

约翰·亚当斯

John Adams

第二任总统（1797~1801年任职）

"有两种教育方式……一种应该教我们如何生存，另一种则应该教我们如何生活。"

约翰·亚当斯曾经这样评说自己："我不会说我是什么时候成为政治家的，因为我从来都不算一个政治家。"尽管如此，初生的联邦党和民主—共和党派之间的政治斗争成为亚当斯任职总统期间的标志性事件。虽然这两个党派是在华盛顿的任期内诞生的，但是，直到亚当斯上任后它们之间的交锋才达到高潮。华盛顿和亚当斯都不信任政治党派，亚当斯相信联邦政府使用其权力将年轻的国家及其人民结合起来至关重要，而把这两者结合起来的依据就是身份和目的上的一种共识。虽然这一位第二任总统有着高人一等的智慧和不羁的道德个性，使他成了最伟大的"开国之父"之一，但是，亚当斯在个人气质上不适合做平衡各个处于竞争之中的政党力量的工作。正如他做出的自我评价一样——"自大、虚荣心强并且自以为是"——这些显著的个性特征让亚当斯很难赢得他所在的联邦党的众多成员的忠诚效力，就更不用

说整个国家了。

美国与法国之间战争爆发的势头将亚当斯卷入了与亚历山大·汉密尔顿之间的冲突，因为亚历山大·汉密尔顿连同许多其他的联邦党成员极力主张和支持对法作战。尽管亚当斯也极力支持反法热潮，但和华盛顿一样，亚当斯也相信美国必须在欧洲的战争中保持中立。后来证明，在亚当斯的任期内，一直主张保持中立是他担任总统所做出的主要成就之一。

不幸的是，为了取得这一成功，亚当斯所采取的方式加深了国内被分隔的状况。1798年通过的《外侨和煽动叛乱法案》赋予了亚当斯新的权力——联邦党人可以依据这一规定压制任何批评他所提出的政策的人。历史学家曾经争论过，认为他的错误在于混淆了统一的公众意见和联邦国家的意志。而且除此之外，亚当斯在1800年与法国签署了和平条约，这一举动进一步激起了他自己政党内反法力量的怒潮。同年，在新一任总统选举中，亚当斯被托马斯·杰斐逊击败，此后他便离开了首府华盛顿，连杰斐逊的就职仪式都没有参加。数年后，当他的儿子约翰·昆西当选为总统的时候，亚当斯曾对他说："没有哪一个曾经担任过总统这一职位的人会向击败自己并取得这个职位的朋友表示祝贺。"

生平纪实

出生：1735年10月30日出生于马萨诸塞州①布雷茵特里，此地后改名为昆西②。

血统：英格兰。

父亲：约翰·亚当斯，1691年1月28日出生于马萨诸塞州布雷茵特里（昆西市），1761年5月25日逝世。

父亲的职业：农民、皮匠。

---

① 马萨诸塞州：位于美国东北部。"五月花"号上的清教徒于1620年最早定居此地。1788年被承认为最早的13个殖民地之一。波士顿为其州府和最大城市。

② 昆西：美国马萨诸塞州东部一城市，为波士顿的一个工业区。约翰·亚当斯和约翰·昆西·亚当斯都出生在这里。亚当斯家宅现在是一处国家历史遗迹。

母亲：苏珊娜·博伊尔斯顿·亚当斯，1699年出生于马萨诸塞州布鲁克赖恩，1797年在马萨诸塞州昆西逝世。

妻子：艾比盖尔·史密斯。1744年11月11日出生于马萨诸塞州魏茂斯，1818年10月28日在马萨诸塞州昆西市逝世。

婚姻：1764年10月25日在马萨诸塞州威茅斯结婚。

子女：艾比盖尔·阿米莉亚（1765～1813），约翰·昆西（1767～1848），苏珊娜（1768～1770），查尔斯（1770～1848），托马斯·博伊尔斯顿（1772～1832）。

家庭住址：马萨诸塞州昆西市和平园。

教育：在昆西上过私人学校，分别于1755年和1758年在哈佛大学获得文学学士和文学硕士学位。

宗教信仰：基督教唯一神教派①。

任职总统前的职务：教师、农民、律师、测量员、行政委员。

兵役经历：无。

任职总统前的政务职位：马萨诸塞州普通法院代表，第一届及第二届大陆会议代表，马萨诸塞州议会议员，马萨诸塞州制宪会议代表，司法专员，驻荷兰公使和驻英大使，副总统。

党派：联邦党。

就职年龄：61岁（1797年3月4日）。

离任总统后的工作：作家。

逝世：1826年7月4日在马萨诸塞州昆西市逝世。

墓址：马萨诸塞州市第一基督教唯一神教派教堂。

别名：布伦特里爵士、圆胖先生。

著作：《约翰·亚当斯作品集》《约翰—杰弗逊书信集》《约翰·亚当斯的日记及自传》《约翰·亚当斯论文集》《约翰·亚当斯政治作品集》。

---

① 唯一神教派：基督教一派，倡导一神论。相信耶稣是上帝派来的使者，认为上帝系单一者，反对三位一体的说法。

第一夫人：艾比盖尔·史密斯·亚当斯
（Abigail Smith Adams）

艾比盖尔·史密斯出生于马萨诸塞州魏茂斯村，她和那个时代的大多数女性一样，没有接受过正式的教育，而是由她的外祖母在家里教她学习。在她的一生中，都因为深邃和睿智为人所敬佩。

1764年，艾比盖尔嫁给了约翰·亚当斯，此后，她就成为丈夫的亲密伙伴，并且同他一起在欧洲完成外交方面的使命。在家里的时候，她经常与亚当斯通信。她在信件里写满了一个家庭妇女在战争时期与物资短缺和通货膨胀进行的斗争。在几乎没有任何帮助的情况下，她独自经营和照管着农场，并且在正式教育中断的时候，自己对4个孩子实施家庭教育。她的孙子查尔斯·弗朗西斯·亚当斯将艾比盖尔几乎所有的信件都搜集在一起，于1841年发表和出版，并于1876年又重新出版了一次。

她用自己的尊严和机智行使着第一夫人的职责。在她给丈夫亚当斯的所有建议中有一条是最有名的——"要记住女士"。亚当斯夫人是如此强有力的一个人，以至于她的丈夫在成为总统之后，他那些政敌们都尊称她为"总统夫人"。

亚当斯的名言：

"耶稣的神圣很容易被用来掩盖谬论。我们在《福音书》中找不到信条、忏悔、誓言、教条，以及其他一些我们在基督教中发现的一满车一满车的愚蠢杂物。"

关于亚当斯的评论：

"他多疑、顽固、过分自负，并且不听任何人的忠告。"

——托马斯·杰斐逊

托马斯·杰斐逊

Thomas Jefferson

第三任总统（1801~1809年任职）

"我们认为这些真理是不言自明的：人人生来平等。"

当托马斯·杰斐逊在1801年就职总统的时候，他已经因为多才多艺而声名在外。他不仅能讲6个国家的语言，而且同时还是发明家、考古学家、自然学家和小提琴家，也是当时美国最伟大的政治思想家。在1776年的时候，作为第二次大陆会议的主要成员，托马斯·杰斐逊参与起草了《独立宣言》。作为弗吉尼亚州的州长，他对弗吉尼亚的重大贡献之一就是起草了《弗吉尼亚宗教自由法令》。华盛顿担任总统的时候，他担任过国务卿；亚当斯在任时，他担任的是副总统。在托马斯·杰斐逊的整个政治生涯里，他一贯倡导公民具有人身自由的权利，并且致力于推进政教分离，支持对美国宪法进行严谨的解释。他主张严格限制权力来限制联邦政府，在走马上任之后，托马斯·杰斐逊首先实施的举措之一就是大规模地缩减联邦预算。

具有讽刺意味的是，托马斯·杰斐逊在两届总统任期内，最让人铭记的是，他大幅度地增强了联邦政府的权力。1803年，他批准用1500万美

元从法国人手上买下路易斯安那州①，使得美国的国土面积扩大了1倍，尽管当时的宪法并没有条款赋予总统具有向国外购买领土的权力。而且还有更多的事情在后面呢，在购买土地以后，杰斐逊使得联邦政府成了路易斯安那州唯一的管理当局。

在托马斯·杰斐逊暴风雨般的第二届任期中，他再一次大力支配联邦政府的权力。因为英国和法国继续对美国的海运进行干涉而受到挫败，杰斐逊制定了《禁运法令》，将美国口岸向国际贸易关闭。他这样做的目的只是想加强美国的海运，结果，却让他在联邦政府中的反对势力更为强大，有些地方甚至以脱离联邦相威胁。直到1809年杰斐逊离任的时候，他的坚持让人们清楚地看到他的总统任期是"极其悲惨"的。1826年7月4日，在他自己签署《独立宣言》那一天的50年之后，杰斐逊去世，在这之前他已经为自己写好了墓志铭，在上面，撰文记录了自己《独立宣言》的作者身份，弗吉尼亚大学的建立者，以及《弗吉尼亚宗教自由法令》的起草人，却并没有提到他自己当过8年美国总统。

生平纪实

出生：1743年4月13日出生于弗吉尼亚州古尺兰（现阿尔帕马尔）县。

血统：威尔士。

父亲：彼得·杰斐逊，1708年2月29日出生于弗吉尼亚州切斯特费尔德县，1776年在弗吉尼亚州阿尔帕马尔县逝世。

父亲的职业：种植园主、检察员。

母亲：简·伦道夫·杰斐逊，1729年2月9日在英国伦敦出生，1776年3月31日在弗吉尼亚州阿尔帕马尔县逝世。

---

① 杰斐逊认为，虽然宪法中没有任何规定说总统可以拥有使美国国土翻倍的权力，但是美国的未来取决于西部，于是他签署了购买路易斯安那地区的协议。路易斯安那州州府是位于州南部和密西西比河东岸的巴顿鲁治。大港口兼大都市新奥尔良位于密西西比河口。据统计，每年进出口货物达1.2亿吨，仅次于纽约，为美国第二大港。矿产方面，路易斯安那州的石油产量仅次于得克萨斯州，列第二位。

妻子：玛莎·怀尔斯·斯凯尔顿，1748年10月19日在弗吉尼亚州查尔斯城县出生，1782年10月19日在弗吉尼亚州蒙蒂赛洛逝世。

婚姻：1772年1月1日在弗吉尼亚州查尔斯县结婚。

子女：玛莎，玛丽亚，露西·伊丽莎白，还有两个女儿和一个儿子在襁褓中夭折。

家庭住址：弗吉尼亚州夏洛茨维尔蒙蒂赛洛。

教育：私人学校，在阿尔帕马尔县上乡村学校，在威廉·玛丽学院获得文学学士学位。

宗教信仰：无。

任职总统前的工作：种植园主、律师、作家、哲学家、科学家、建筑家。

兵役经历：无。

任职总统前的政务职位：弗吉尼亚邦联议会议员、第二届大陆会议副委员、弗吉尼亚州参议院议员、弗吉尼亚州州长、驻法外交使节、国务卿、美国副总统。

政党：民主共和党。

就职年龄：57岁（1801年3月4日）。

离任总统后的工作：种植园主、作家、教育家。

逝世：1826年在弗吉尼亚州夏洛茨维尔蒙蒂赛洛逝世。

墓址：夏洛茨维尔蒙蒂赛洛。

别名：红狐狸。

著作：《杰斐逊自传》《弗吉尼亚笔记》《杰斐逊选集》《独立宣言》。

第一夫人：玛莎·怀尔斯·斯凯尔顿·杰斐逊
（Martha Wayles Skelton Jefferson）

玛莎·杰斐逊根本就没有担任第一夫人的机会。频繁的怀孕对身体造成了很大的损伤，这使得她的健康逐步衰退，因而她在丈夫当选总统的19年以前就已经去世了。关于他们的婚姻，人们经常引用杰斐逊说过的一句话："那是没有受到抑制的10年幸福时光。"

杰斐逊于1801年成为美国总统。因为杰斐逊没有再娶，他让自己的女儿玛莎·伦道夫·杰弗逊（左上图）以及他

1804年，杰斐逊协商欲从西班牙购得西佛罗里达，但是他没能将这次交易向法国保密。在这幅漫画中，杰斐逊被描绘成了一只草原土拨鼠，他被"黄蜂"拿破仑叮咬后吐出200万美元。边上是一名法国外交官挥舞着佛罗里达的地图，以讽刺杰斐逊最后没能将佛罗里达买下来。

家族中的朋友、国务卿詹姆斯·麦迪逊的妻子多莉·麦迪逊担任白宫女主人。白宫女主人这项工作的社会意义非常重大，因为对于妇女来说参加由一个单身男性主持的社会活动，是与当时的风俗相违背的。

丑闻！亚伦·伯尔，无赖！

当杰斐逊不再让亚伦·伯尔担任他1804年的总统竞选伙伴后，伯尔决定竞选纽约州州长。然而，来自纽约的前财政部长亚历山大·汉密尔顿利用自己的影响推翻了他的竞选。

汉密尔顿怀疑伯尔与一群叫作艾塞克斯派的新英格兰人结成联盟。艾塞克斯派的成员当时正在推动一项让新英格兰从美国分离的计划。他们提出愿意支持伯尔竞选，前提是他需要承诺让新英格兰同美国分离。当汉密尔顿宣称伯尔是一个"危险的，不能委以管理政府重任的人"时，伯尔提出决斗。1804年7月11日，伯尔用枪杀死了汉密尔顿。

亚伦·伯尔像

尽管汉密尔顿之死让伯尔蒙羞，但是他的野心并没有因此而有所收敛。汉密尔顿死后，伯尔立即联系英国驻美大使，要求他们支持他让西部领土脱离美国统治的一个阴谋。伯尔想在西部建立一个新的国家，并成为新国家的总统，但是英国始终没有向他提供任何资助。最终这一阴谋被发现，伯尔也被指控为叛国罪。然而，首席法官坚持要按照宪法条款进行严格的审理，最后伯尔和几个密谋者居然被判无罪。随即，为了逃避汉密尔顿之死而引起的起诉和其他一些罪行，伯尔流亡欧洲。1812年，他设法弄到护照，又回到美国，在生命中的最后几年伯尔一直在纽约市从事法律方面的工作。

杰斐逊在蒙蒂赛洛的家是他作为建筑师最高的成就之一。这座位于弗吉尼亚夏洛茨维尔的小山上的半球形官邸的天花板就有18英尺高。

杰斐逊的名言：

"在所有腐化人类幸福的事情中，没有什么像懒散一样如此安静地侵蚀一个人，就像牙齿受到无声无息的腐蚀，最后招致可怕的牙痛。无所事事招致倦怠和空虚无聊，而倦怠和空虚无聊则导致忧郁，接着身体就会患上疾病。"

"偶尔不同的声音是一件好事，对政治来说它是必要的，正如自然界少不了风暴。"

"我把大城市看作是人类道德、健康和自由最容易感染瘟疫的地方。"

"书本构成资本。图书馆的一本书和房屋一样能存留几百年。因此，它并不仅仅是一个消费品，而且还算得上是资本。对于专业人士来说，书本往往是他们人生征程中唯一的资本。"

关于杰斐逊的评论：

"他是一个深刻的，具有远见卓识、强烈偏见和狂热激情的混合体。"

———约翰·昆西·亚当斯

"杰斐逊的理念就是自由社会至上。"

———亚伯拉罕·林肯

詹姆斯·麦迪逊

James Madison

第四任总统（1809～1817年任职）

"在构建由一部分人管理另一部分人的政府时，最大的困难是：首先你必须让政府有能力控制那些被管理的人，而后还要让政府能够控制政府自己本身。"

詹姆斯·麦迪逊有两个别名："宪法之父"和"小杰米"。他被叫作"小杰米"是因为他身高只有1.63米，也是身材最矮小的美国总统之一。他被称作"宪法之父"则是因为在美国历史上他始终保持着高大耸立的杰出形象。

和杰斐逊一样，麦迪逊在当选为总统之前就因为已经取得的一些成就而广为人知。1787年，他促成了费城制宪大会上的大辩论，而他在大会中记录的《麦迪逊笔记》则成为制宪会议最可靠的档案被保存下来。后来，他的支持者甚至称他为"宪法之父"，不过这一做法却遭到麦迪逊的反对，他认为这份文件不是他"单个大脑运动的产物"，而是"很多头脑共同作用的成果"。除了宪法，麦迪逊还和亚历山大·汉密尔顿及约翰·杰伊[1]等人一同撰写了后来被称为《联邦党人》的评论合集。这些评论强调了一个强大的中央政府存在的必要性，文章中倡导美国宪法应该成为这一政府的最佳模型。

虽然麦迪逊参与撰写《联邦党人》，但是他和托马斯·杰斐逊一样，不支持中央集权的主张。他认为汉密尔顿的这种政策会让北方的商人和银行家成为受益最多的一方，而南方的人民却受益很少。

在麦迪逊的第一个总统任期内，他发现自己处于国内和国际上的重大时刻。当麦迪逊在1812年连任总统的时候，他迫不得已向英国宣战。被迫宣战不仅是因为英国拒绝更改压制美国货运的政策，而且还有一个原因是，那些想获得西部英属领地的美国主战派也催促麦迪逊宣战。

虽然他的对手将1812年的战争称为"麦迪逊先生的战争"，但是这次冲突确实帮助麦迪逊重建了在公众中的声望。尽管战争并没有改变现状，但是"小杰米"和世界上最强大的国家战成平局的事实使得他为后人留下的东西熠熠生辉。麦迪逊的威望提高了很多，并且在他在任的最后几个月，美国还产生了延续数年之久的"和睦时代"[2]。

生平纪实

出生：1751年3月16日出生于弗吉尼亚州康维港。

血统：英格兰。

父亲：詹姆斯·麦迪逊，1723年3月27日生于弗吉尼亚州康维港，1829年2月11日在弗吉尼亚州蒙特彼利埃逝世。

父亲的职业：治安法官、教区委员、农民。

---

[1] 约翰·杰伊：法学家，纽约市著名律师，美国最高法院的第一任首席法官，他认为需要一个强大的中央政府，故促请修订美国宪法。他与麦迪逊、汉密尔顿一起在报纸上发表了论文《联邦党人》，以解释宪法的重要。

[2] "和睦时代"：也称"好感时代"。自杰斐逊执政，历经麦迪逊、门罗，弗吉尼亚人把持美国总统职位长达24年，人称"弗吉尼亚王朝"时期。又因三位总统都是民主共和党人，党派之争暂息，进入民主共和党独步政坛的一党制时期，历史上称之为"和睦时代"。

母亲：埃利娜·康维·麦迪逊，1732年1月生于弗吉尼亚州康维港，1829在弗吉尼亚州蒙特彼利埃逝世。

妻子：多莉·佩恩·托德，1768年5月20日生于北卡罗来纳，1849年7月12日在华盛顿特区逝世。

婚姻：1794年9月15日在弗吉尼亚州结婚。

子女：无。

家庭住址：弗吉尼亚州蒙特彼利埃。

教育：早期是在唐纳德·罗伯逊的学校接受私人教育；1771年在新泽西大学（普林斯顿）获得文学学士学位。

宗教信仰：圣公会。

任职总统前的职务：政治家。

兵役经历：陆军上校、弗吉尼亚民兵。

任职总统前的政务职位：奥伦奇县安全委员会成员、弗吉尼亚大会代表、弗吉尼亚立法委员会成员、弗吉尼亚执行委员会成员、大陆会议代表、安纳波利斯大会代表、制宪大会代表、弗吉尼亚批准大会成员、国务卿。

政党：民主共和党。

就职年龄：57岁（1809年3月4日）。

离任总统后的工作：教育家、农场主。

逝世：1836年6月28日在弗吉尼亚州蒙特彼利埃逝世。

墓址：弗吉尼亚州蒙特彼利埃。

别名：宪法之父、小杰米。

著作：《詹姆斯·麦迪逊作品集》《詹姆斯·麦迪逊论文集》。

第一夫人：多莉·佩恩·托德·麦迪逊
（Dolley Payne Todd Madison）

多莉·佩恩·托德从小就是教友派的信徒。在1794年的春天，当她第一次正式见到詹姆斯·麦迪逊时，她还是一个住在费城的寡妇。同年9月份他们结婚，但是他们一直没有再生育，而是共同抚养多莉和前夫生的一个儿子。

当1801年麦迪逊被任命为国务卿的时候，麦迪逊夫人开始她长期的社会事业。她热情的个性吸引着白宫内外的大多数人。在她丈夫8年的任期中，麦迪逊夫人有时会协助他在白宫里的工作，并因此成为美国最有名的第一夫人之一。她的优雅、机智和平易近人为众人所知。她是一个非常称职的白宫女主人，甚至在1812年的战争中，白宫被烧毁后，她还能非常巧妙地招待客人。

1813年9月10日伊利湖战役。

1812年8月19日，"宪法"号击败英国战舰"盖里埃"号。

麦迪逊的名言：

"一个受欢迎的政府如果没有受欢迎的信息或获取这种信息的方法，那么它就不过是一场闹剧或悲剧的序言——而且可能这两者都是。"

"将国旗投向前方是必要的，人民肯定会奋勇向前去保护它。"

——解释他加入1812年战争时所说的话

关于麦迪逊的评论：

"尽管我们的总统和蔼可亲，而且智慧过人，但是我认为他不一定有控制自己做某些事情的才能。"

——约翰·C·卡尔洪

詹姆斯·门罗

James Monroe

第五任总统（1817~1825年任职）

"地球被赐给人类，是为了抚养最大数量的人，任何部落和种族都无权在维持他们自己的生计和舒适所必需的东西之外，剥夺其他人的必需品。"

"弗吉尼亚王朝"的最后一位总统詹姆斯·门罗是靠着一步一步的努力当上美国总统的。在独立战争期间，在乔治华盛顿的指挥下，他在福吉谷①抗敌。战后，他成为托马斯·杰斐逊的助手，接着又担任了弗吉尼亚州的州长。在他的政治生涯中，他和詹姆斯·麦迪逊在生活中是亲密好友，在政治上却是竞争对手。然而，与杰斐逊和麦迪逊不一样的是，门罗不是政治哲学家，也不是政治方面的学者或专家，他是作为一位有能力的执政者一路崛起的职业政治家。

在政治上，门罗继承了杰斐逊抑制联邦政府权力的信念。作为民主共和党的成员，他支持各州的权力以及亲法的外交政策。他遵循严格的宪法解释，反对联邦的议案——支付连接西

---

① 福吉谷：美国宾夕法尼亚东南部的一个村子，1777年12月到1778年6月为大陆军司令部所在地。

方和东方商业中心的道路和运河的建设所需的费用，因为他认为美国宪法并没有授权允许支付这样的开销和花费。

与1812年战争期间开始掌权的那一代更为年轻的民主共和党人一样，门罗是一位民族主义者。他参与了购买路易斯安那州的谈判，"门罗主义"①被冠以他的名字，其中的缘由就是他强烈倡导美国和美洲各国脱离欧洲的干涉。他批准在佛罗里达永久驻军以促使西班牙割让佛罗里达。

门罗是在转型时期就任总统的。当时对立的联邦党正在瓦解，门罗管理着这个没有党派斗争的"和睦时代"。尽管如此，美国社会内部的矛盾正在加剧。奴隶制已经成为这个国家不能继续忽视的问题，最终浮出水面。但正如美国宪法中所写的那样（当初詹姆斯·门罗还是一个年轻的小伙子），要极力避免涉及这个问题。门罗第一次总统任期结束的时候，在他的敦促下通过了《密苏里妥协案》，而这个议案仅仅是拼凑了一个框架，只不过将美国这个国家分割成了自由州和奴隶州。

生平纪实

出生：1758年4月28日生于弗吉尼亚州威斯特摩兰县。

血统：苏格兰。

父亲：彭斯·门罗，出生在弗吉尼亚州威斯特摩兰县，1774年在弗吉尼亚州威斯特摩兰县逝世。

父亲的职业：木匠、农民。

母亲：伊丽莎白·琼斯·门罗，出生在弗吉尼亚州乔治王县。

妻子：伊丽莎白·科特莱特，1768年6月30日在纽约出生，1830年9月23日在弗吉尼亚州奥卡山逝世。

婚姻：1786年2月16日在纽约州纽约市结婚。

子女：伊莱扎·科特莱特·门罗（1786～1835）；詹姆斯·斯彭斯·

---

① 门罗主义：1823年12月2日，美国第五任总统J.门罗在国情咨文中提出的美国对外政策的原则，史称"门罗主义"。是美国对外扩张政策的重要标志。

门罗（1799～1801）；玛利亚·霍斯特·门罗（1803～1850）。

家庭住址： 弗吉尼亚州夏洛茨维尔艾希罗；弗吉尼亚州劳登县奥卡山。

教育： 坎贝尔教区牧师学校；威廉—玛丽学院。

宗教信仰： 圣公会。

任职总统前的职务： 律师。

兵役经历： 大陆军弗吉尼亚第三团少校。

任职总统前的政务职位： 南部陆军军事委员、弗吉尼亚立法代表、杰斐逊州长中校军事专员、弗吉尼亚参议院议员、大陆会议代表、国会议员、驻法国大使、弗吉尼亚州长、国务卿、陆军部长。

政党： 民主共和党。

就职年龄： 58岁（1817年3月4日）。

离任总统后的工作： 作家。

逝世： 1831年7月4日在纽约州纽约市逝世。

墓址： 弗吉尼亚州里士满好莱坞公墓。

别名： 最后的三角帽、"和睦时代"的总统。

著作： 《詹姆斯·门罗政治作品集》。

第一夫人：伊丽莎白·科特赖特·门罗
（Elizabeth Kortright Monroe）

伊丽莎白·科特赖特和詹姆斯·门罗是不太般配的一对，她的父亲劳伦斯·科特赖特上尉在法印战争中靠掳获商船发了一笔横财，在独立战争期间却表现得不甚积极。与此相反，詹姆斯·门罗却是一个一直在军队服役的爱国人士，不过没有多少钱。就是这样的两个人，1785年，在纽约市的一次邂逅之后，他们就立即坠入爱河。

作为第一夫人，门罗夫人在正式场合中经常缺席，而且对华盛顿内的社交界缺乏兴趣，因为这些她遭受了一些批评和责备。她和女儿伊莱扎都不喜欢某些欧洲宫廷常见的气氛营造出的社交圈子，这和多莉·麦迪逊奢华的社交风格截然不同。相比之下，她就不怎么受欢迎了。门罗夫人挽救了拉法耶夫人生命的事情广为人知，1794年，也就是门罗在担任驻法大使的时候，门罗夫人的一次探监使得这位法国女人被免送断头台。

门罗的名言：

"我们有任何理由坚信，我们的体系很快就能达到人类体制所能企及的最高度完美。"

"美国大陆再也不是哪一个新式欧洲殖民主义团体的猎场。"

——《门罗主义》，1823年

关于门罗的评价：

"他的美德不是高高在上，而是平易近人；他的天才表现出来的不是至高无上的，而是平平常常的。"

——阿瑟·斯泰伦《门罗传记》

年轻联邦时期的美国总统

约翰·昆西·亚当斯

John Quincy Adams

第六任总统（1825～1829年任职）

> "勇气和坚持拥有神奇的力量，在它们面前困难和阻碍都
> 会烟消云散。"

约翰·昆西·亚当斯对美国的未来有非常深刻的理解。他眼中的美国既是由扩张的星罗棋布的运河及国家公路连接而成的熙熙攘攘的商业网络，在科学和其他知识方面的探索上，这个国家也要成为世界的领头羊——它是这样一个国家，在这里将建设一个规模宏大的政府天文台，可以用来研究太空宇宙；在这里，它的国立大学应该向市民们潜移默化地灌输对艺术和文学的热爱；在这里，为了整个国家的利益，政治党派卑劣低级的伎俩和计划都应该放在一边。

如果丰富的阅历、牢不可破的道德和高深的智慧是成为伟大总统的条件，那么约翰·昆西·亚当斯也许能被称作美国历史上最伟大的总统之一。亚当斯在欧洲和哈佛大学受过教育，精通多个国家的语言。他在27岁的时候就开始了漫长的政治生涯，先是担任驻荷兰大使，后来又先后被派往普鲁士、俄国和英国。亚当斯在詹姆斯·麦迪逊任总统时参与调停了1812年的美英战争；等到詹姆斯·门罗上台后，他又参与从西班牙手里夺得佛罗里达的谈判。他还负责"门罗主义"的创立。尽管如此，亚当斯也是一个失败的总统。1824年大选的时候，尽管他的对手杰克逊获得了更多的选票支持，但是亚当斯还是被众议院选为总统，然而这次大选后的境况使得他陷入困境。这位性格严肃慎审且缺乏社会交际的总统，在自己的管理中拒绝将"支持杰克逊"的一派人替换掉，而这只能使得状况更为糟糕，而且他自己也从来没有建立起属于自己的忠实支持者和亲信。1828年，杰克逊在选举中击败他的时候，亚当斯居然宣称，他"几乎想不到有什么比担任总统职务更让他觉得饱受折磨，令他厌倦而痛苦的了"。

总统任期结束后，亚当斯继续为公众服务。1830年，他成为美国历史上唯一一个以前任总统身份当选的众议院议员。作为主要的奴隶制反对者，他于1841年在美国高等法院的辩论中担任助理辩护人，为在"艾米斯塔德"号船上叛乱并杀死船长的非洲奴隶赢得了自由。

直到亚当斯生命的最后时期，他都一直在为这个国家效力。1846年，他在白宫的地板上忍受中风的折磨。2年后，80岁的他与世长辞。

生平纪实

出生：1767年7月11日出生于马萨诸塞州布伦特里（后来的昆西市）。

血统：英格兰。

父亲：约翰·亚当斯，1735年10月30日出生于马萨诸塞州布伦特里（昆西市），1826年7月4日在马萨诸塞州昆西市逝世。

父亲的职业：律师、美国副总统、美国总统。

母亲：艾比盖尔·史密斯·亚当斯，1744年11月11日生于马萨诸塞州魏茂斯，1818年10月28日在马萨诸塞州昆西市逝世。

妻子：路易莎·凯瑟琳·约翰逊，1775年2月12日在英国伦敦出生，1852年5月14日在华盛顿特区逝世。

婚姻： 1797年7月26日在英国伦敦结婚。

子女： 乔治·华盛顿（1801～1829），约翰（1803～1834），查尔斯·弗朗西斯（1807～1886），路易莎·凯瑟琳（1811～1812）。

家庭住址： 马萨诸塞州昆西市和平园。

教育： 在巴黎、阿姆斯特丹、莱顿及海牙学习过，1787年在哈佛获得文学硕士学位，同西奥菲勒斯·帕森斯一起学习过法律。

宗教信仰： 唯一神教派。

任职总统前的职务： 律师、教授。

兵役经历： 无。

任职总统前的政务职位： 驻荷兰大使、驻普鲁士大使、马萨诸塞州参议院议员、美国参议院议员、驻俄罗斯大使、驻英国大使、国务卿。

约翰·昆西·亚当斯肖像

政党： 联邦党（1808年前），民主共和党（1801～1825），国家共和党（即辉格党，1825年后）。

就职年龄： 57岁（1825年3月4日）。

离任总统后的工作： 国会议员、作家。

逝世： 1848年2月23日在华盛顿特区逝世。

墓址： 马萨诸塞州昆西市公理会教堂。

别名： 雄辩老人。

著作：《亚当斯会议录》《约翰·昆西·亚当斯文集》。

第一夫人：路易莎·凯瑟琳·约翰逊·亚当斯
（Louisa Catherine Johnson Adams）

路易莎·凯瑟琳·约翰逊的生活环境赋予她特别优雅的社会交际技巧和能力。她的母亲是英国人，父亲是美国人。她从小就在英国长大，因此成为第一个在美国之外的国家出生的第一夫人，直到和约翰·昆西·亚当斯结婚4年后她才来到美国。亚当斯担任大使期间，他们去过很多地方旅行，包括柏林、圣彼得堡和伦敦。在国外的时候，亚当斯夫人的身体开始变得越来越差，但是身为第一夫人，她努力使自己成为华盛顿社交圈中的领军人物。

尽管亚当斯夫人在私下忍受着抑郁的痛苦，但是作为一个杰出的女主人她却名声远扬。她是一位出色的竖琴师和歌唱家，她在用音乐安慰自

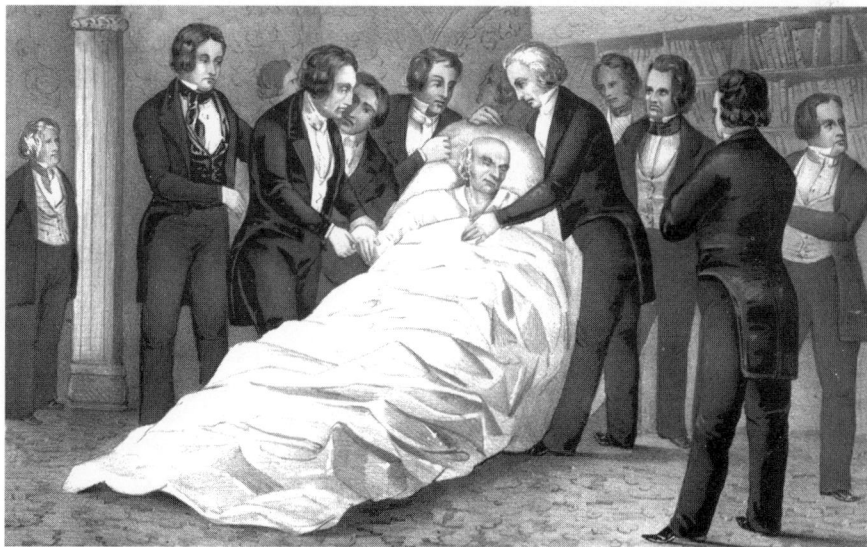

1848年2月23日，亚当斯在华盛顿特区逝世。

己的同时，也给别人带来了快乐。

亚当斯的名言：

"坚持按准则投票，尽管你可能会很孤单，但是你可能会因此非常珍视选票带给你的没有错过的美好回忆。"

关于亚当斯的评论：

"在所有有幸和我搭话，并让我为之浪费礼节的男人中，他是最顽固，而且最彻头彻尾令人厌恶的一个。毫不客气地说，他的耳朵里塞着棉花，心里装满着愤怒……他就像是狗群中的一条牛头犬。"

——W.H.林顿

安德鲁·杰克逊

Andrew Jackson

第七任总统（1829～1837年任职）

"人民就是君主，他们可以改变或者改进历史。"

　　安德鲁出生在一个可以被称作"穷乡僻壤"的卡罗来纳州①瓦克萨豪的移民区。他是第一位不是出身在社会精英阶层的美国总统。在1815年的新奥尔良战役中，安德鲁率领着与对方人数悬殊甚大的志愿军，以少胜多（仅以己方8人死亡，13人受伤的代价打死打伤2000余名英军，英军指挥官在战斗中阵亡），使训练有素、作战经验丰富的英军遭到了有史以来最惨重的失败。在此之后，安德鲁很快就成了人民心目中的民族英雄。不久后，他的名字就出现在当选的可能性很大的总统候选人的名单上。安德鲁·杰克逊对此不以为然，"我知道我适合做什么，"他说，"我能够指挥一群英勇的战士，但是我不适合当总统。"

　　1824年的时候，他重新考虑自己当初的决定。在第一次直接投票选举中，他比其他3个候选人获得了更多的选票。然而，他没有获得宪法要求

---

　　① 卡罗来纳州：位于北美洲东南部，英属殖民地，该地区在1729年分成北卡罗来纳和南卡罗来纳两个殖民地，哥伦比亚为该州的州府和最大的城市。

的直接当选总统所需的大多数选票。于是，最后的决定权落到了众议院的手中，然而在众议院的选举中，他们选择了本来选票居于第二位的约翰·昆西·亚当斯当总统。

杰克逊险些当选为总统的事实让他的对手们心中感到非常不安，因为他们害怕杰克逊会成为美国的拿破仑。但是，杰克逊在1824年选举中的落败却将他的那些支持者们召集起来，并凝聚在一起。他们认为杰克逊受了骗，因为在竞选之前，杰克逊受到了国内其他地方的各种会议和群众集会的中心认可，于是他的支持者把这次选举当作一种斗争，"一边是国家民主，另一边是富有高傲的贵族寡头政治"。为了让安德鲁·杰克逊能够成功当选为总统，他们组建了民主党，在1828年的选举中，杰克逊轻易取得了胜利。

安德鲁·杰克逊对总统权力的利用无人能及：他反对议案的频率比前几届总统加起来的总和还要高。尽管他经常宣称自己是依据宪法而做出的决定，但是他主要还是靠直觉来统治——如果他觉得国会不对，便会用自己的权力去阻止。

同时，安德鲁·杰克逊还是一个激进的联盟维护者。在他的两届任期中，对其他州的权利鼓吹者是极为严厉的。例如：副总统卡尔洪认为，南方各州有拒绝国会法令的权利，当时杰克逊差点就要把军队开往南卡罗来纳，让人们都知道如果南卡罗来纳再一意孤行，他就要绞死卡尔洪。同时安德鲁·杰克逊还提倡扩张，为了给白人聚居者腾出地方来，他下令成千上万的东部印第安部落的人从家园迁移到密西西比河西部的印第安人保留地区（今俄克拉荷马州）。在杰克逊8年任期结束的时候，美国总统的权力大大增加，美国式的总统体制已经逐渐形成。尽管在他卸任时权力的钟摆再次向国会这一方倾斜，但是对他具有争议的统治的反应来说出现这种情况也是应该的。之后，安德鲁·杰克逊的副总统马丁·范布伦继任总统。

生平纪实

<u>出生</u>：1767年3月15日出生于南卡罗来纳州瓦克萨豪。

血统：苏格兰、爱尔兰。

父亲：安德鲁·杰克逊，生于爱尔兰，1767年3月1日在南卡罗来纳州瓦克萨豪逝世。

父亲的职业：亚麻织工、农民。

母亲：伊丽莎白·哈钦森·杰克逊，生于爱尔兰，1781年在南卡罗来纳州查尔斯顿逝世。

妻子：雷切尔·丹纳尔逊·罗巴兹，1767年6月15日出生于弗吉尼亚州哈利法克斯县，1828年12月22日在田纳西州纳什维尔逝世。

婚姻：第一次仪式于1791年8月1日在密西西比州纳齐兹举行，第二次仪式于1794年1月17日在田纳西州纳什维尔举行。

子女：小安德鲁·杰克逊（1808～1865，领养）。

家庭住址：田纳西州纳什维尔赫米蒂奇。

教育：在南卡罗来纳州索尔兹伯里学习过法律。

宗教信仰：长老教会。

任职总统前的职务：律师、士兵、政治家。

兵役经历：戴维逊县民兵的军法检察官、田纳西州民兵少将、美国陆军少将。

任职总统前的政务职位：北卡罗来纳西部地区司法部长、田纳西州宪法大会代表、美国众议院议员、美国议会议员、田纳西州高等法院法官、佛罗里达州州长。

政党：民主党。

就职年龄：61岁（1829年3月4日）。

离任总统后的工作：退休。

逝世：1845年6月8日在田纳西纳什维尔逝世。

墓址：田纳西州纳什维尔赫米蒂奇。

别名：老胡桃木。

著作：《安德鲁·杰克逊通信集》。

第一夫人：雷切尔·丹纳尔逊·罗巴兹·杰克逊
（Rachel Donelson Robards Jackson）

1791年，在雷切尔·丹纳尔逊·罗巴兹自己认为和虐待她的前夫合法离婚后，她嫁给了安德鲁·杰克逊。她所犯的法律错误（并没有办离婚手续）虽然后来得以纠正，但是这个问题却在杰克逊的整个任期内困扰着这对夫妇。尽管她更希望安德鲁·杰克逊远离政治，最终她还是接受了他的决定。杰克逊夫人具有公认的友善和招人喜欢的特点，不过她没有生育，她只是抚养了几个亲戚的孩子，并于1809年正式收养了一个侄儿，也就是小安德鲁·杰克逊。

杰克逊夫人深受支气管炎和心脏病的困扰。她在丈夫安德鲁·杰克逊当选总统3个星期之后就离开了人世。于是，她的外甥女艾米莉·丹纳尔逊代替她成为既机智又得体的白宫女主人。在"伊顿夫人事件"中，丹纳尔逊被总统的儿媳萨拉·约克·杰克逊夫人临时取代，因为丹纳尔逊和其他内阁成员的妻子一样，也断然拒绝帮助伊顿夫人获取社交界的认可。艾米莉·丹纳尔逊在1836年死于肺结核，之后，总统的儿媳萨拉·约克·杰克逊夫人一直履行白宫女主人的职责。

丑闻！伊顿事件

1831年，陆军部长约翰·伊顿的妻子佩吉·伊顿的丑闻爆发。华盛顿社交圈盛传，伊顿夫人曾经当过酒吧侍女，而且有过一段滥交的历史，也就是说她在和伊顿结婚之前就和他同居了，甚至还为伊顿生了两个私生子。首都的社会精英，包括杰克逊手下的其他国会成员的妻子都纷纷指责伊顿夫人。白宫女主人，也就是安德鲁·杰克逊的外甥女艾米莉·丹纳尔逊也因为这件事而辞职。

安德鲁·杰克逊清楚地记得自己的妻子雷切尔曾经受到过的攻击和痛苦，他在为伊顿进行辩护时，甚至召集了一次特别的内阁会议，以制止别人对伊顿夫人的指责，但是只有单身汉国务卿马丁·范布伦站在伊顿夫人的一边。后来，范布伦决定利用这段插曲提交辞呈，心里却清楚地知道这将会促使内阁重组。约翰·伊顿没有让范布伦一个人辞职，他自己也提出了辞职，丑闻才因此得以结束。

杰克逊的名言：

"政府中不存在必然的罪恶。它的罪恶只存在于对权力的滥用。"

——《致国会书》1832年7月10日

"我只有两个遗憾：我没有用枪杀死亨利·克莱，也没有将约翰·C·卡尔霍恩处以绞刑。"

关于杰克逊的评论：

"我从来不知道有人如此远离自负，也不知道有人能从耐心倾听的话题中获得如此大的乐趣，并且视之为公认的义务。而且不必说，杰克逊没有谈论自己成就的习惯，也就更谈不上自夸了。"

——马丁·范布伦

"杰克逊将军是大多数人的奴隶；他屈从于意愿、欲望以及半遮半掩的本能，也可以说他是先发制人。"

——托克维尔·夏斯里奥

"想到杰克逊将军有可能成为总统，我就感到恐慌。他是我所知道的最不适合那个位置的人。"

——托马斯·杰斐逊

马丁·范布伦

Martin Van Buren

第八任总统（1837～1841年任职）

"我沿着先辈们的足迹前行……从他们手中接过人们对我的信任。"

马丁·范布伦是他那个时代最精明的政治战略家之一，他从默默无闻的纽约北部的政治家成为时任的副总统——安德鲁·杰克逊的得力伙伴。在强大的政治机器"纽约奥尔巴尼①摄政团"的支持下，范布伦帮助安德鲁·杰克逊将军赢得了1828年的总统选举。在这个过程中，他也为自己在内阁中谋得了国务卿一职。在杰克逊的第一个任期内，范布伦老练地战胜了副总统约翰·C.卡尔洪，赢得了总统的赏识。而到杰克逊再次当选总统的时候，范布伦已经取代了卡尔洪成为副总统。

当范布伦依靠杰克逊的声望在1836年的大选中获胜时，他倡导遵循前任所制定的方针。他支持禁止蓄奴州在国会谈论奴隶制的权利，而对此范

① 奥尔巴尼：美国纽约州首府（自1797年以来），位于纽约州东部哈得孙河西岸，是哈得孙深水航道的起点。

布伦没有任何道德上的不安；在下令把千万个切诺基人①从他们的家园赶出去的时候，他也没有丝毫的犹豫。当国家遭遇第一次严重的经济大恐慌的时候，也就是范布伦的批评者所指的1837年"范布伦之殃"，范布伦看到了自己的声望在急剧地下降。他不愿意处理失业率上升的问题，加上他古板乏味的外表，还有对昂贵服饰显而易见的品位和爱好，使得他失去了杰克逊当总统时的"普通民众"的支持。同时，他还拒绝向濒临破产的银行和州政府提供联邦援助。结果在1840年的总统大选中，他被67岁的辉格党候选人威廉·亨利·哈里森将军轻松击败了。

然而，范布伦也并不是完全没有功绩。作为一个投入的"杰斐逊式"的民主党人，他为民主党的建立发挥了重要作用，他也帮忙建立了使金融市场恢复稳定的《独立金库制度》。除了这些，在他的任期内，范布伦还避免了对英国或加拿大在边界问题上可能会爆发的大规模战争。尽管当时美国的反英情绪高涨，但是范布伦还是保持了很强的中立姿态。虽然如此，最终范布伦还是作为一个以追求个人权力上升为唯一目标的政治管理者而闻名。他只当了一届总统，在1844年和1848年他都努力试图重返美国总统的宝座，但是他还是没能再次当选为总统。

生平纪实

出生：1782年12月5日在纽约州金德胡克出生。

血统：荷兰。

父亲：亚伯拉罕·范布伦，1747年1月16日出生于纽约州克莱利亚，1817年2月16日在纽约金德胡克逝世。

父亲的职业：农民、酒馆主。

母亲：玛丽亚·霍斯·范艾伦·范布伦，1817年1月16日在纽约克莱利亚出生，1817年2月1日在纽约金德胡克逝世。

---

① 切诺基人：属于易洛魁族系的北美印第安民族。1835年左右，当在佐治亚州的切诺基人土地上发现黄金后，有人就开始鼓动叫他们搬迁到西部，结果一连串的迁徙行动造成许多切诺基人在半途死亡。

妻子：汉娜·霍斯，1783年3月8日在纽约金德胡克出生，1819年2月5日在纽约州奥尔巴尼逝世。

婚姻：1807年2月21日在纽约金德胡克结婚。

子女：亚伯拉罕（1807～1873），约翰（1810～1866），马丁（1812～1855），史密斯·汤普森（1817～1876）。

家庭住址：纽约州金德胡克林德沃。

教育：上过乡村学校，金德胡克学院专科，在律师事务所学习过法律。

宗教信仰：荷兰改革派。

任职总统前的职务：律师、政治家。

兵役经历：无。

任职总统前的政务职位：纽约州哥伦比亚县遗嘱检验法官、纽约州议会参议员、纽约州首席检察官、第三届纽约州宪法会议议员、美国参议员、纽约州州长、国务卿、美国副总统。

政党：民主党（总统任期内），自由土地党①（1848年后）。

就职年龄：54岁（1837年3月4日）。

离任总统后的工作：政治家。

逝世：1862年7月24日在纽约州金德胡克逝世。

墓址：纽约金德胡克的金德胡克村公墓。

别名：小魔术师、金德胡克红狐。

著作：《美国政党起源及历程探究》《马丁·范布伦自传》。

---

① 自由土地党：1848年，一些民主党内的改革派，辉格党内主张在西北部领土上根绝奴隶制的自由土地派和一些工业资本家，联合起来组成了"自由土地党"，提出"自由土地、自由言论、自由劳动、自由人民"的政治口号。自由土地党是美国内战前夕成立的共和党的前身。

第一夫人：汉娜·霍斯·范布伦
（Hannah Hoes Van Buren）

1807年，汉娜·霍斯嫁给她远房表兄的时候，他们都是24岁。他们两人都是在纽约州金德胡克的荷兰聚居区长大的。他们有4个儿子：亚伯拉罕、马丁、约翰，以及史密斯·汤普森。

尽管汉娜·霍斯·范布伦并不为外人所知，但是他们的婚姻却非常幸福。从当时范布伦给妻子的信件中可以看出，范布伦夫人是一个友善而虔诚的人。汉娜·霍斯去世后，马丁·范布伦没有再娶，他于1837年同他的4个单身汉儿子一起入主白宫。在他的一生中，马丁·范布伦始终同他的4个儿子维持着亲密的

1837年，一群支持奴隶制的暴徒攻击废奴主义者伊莱亚·洛夫乔伊的奥尔顿办公楼。洛夫乔伊在这次袭击中被杀。

关系。

詹姆斯·麦迪逊的夫人，也就是华盛顿社交界的"女家长"多莉·麦迪逊把安吉莉卡·辛格尔顿介绍给了范布伦的儿子亚伯拉罕，他俩在1838年11月结为夫妇。此后，安吉莉卡·辛格尔顿担任着白宫女主人的职责。

范布伦的名言：

"在这个国家里有一种民意的能量，它不会容忍任何不能胜任或者不足为道的人，用其软弱或邪恶的双手把握国民的生命和财产。"

在1844年，范布伦没有能够赢得民主党的总统候选人的提名。此后，他又在1848年作为反对奴隶制的自由土地党候选人参与了总统竞选，他当时的竞选伙伴查尔斯·弗朗西斯·亚当斯是约翰·昆西·亚当斯的儿子。

漫画中，范布伦坐在其政治同盟拉着的四轮车上离开了华盛顿。新总统威廉·亨利·哈里森站在右边的台阶上，他手中是一份驱逐通知书和一把进入白宫的钥匙，站在他后面的是参议员亨利·克莱。

"在我任总统期间最快乐的两天就是宣誓就职的那一天以及卸任离职的那一天。"

"那些期望政府向公民提供援助，以减轻因商业及存款抽回的损失带来尴尬的人忘记了政府创建的目的，以及赋予它的权力。创建政府的目的是为了给所有人提供保障……它不是用来给个人提供特别优待的……政府对私人事务干涉得越少，全面繁荣的局面就会越好。"

关于范布伦的评论：

"他使用包裹着的船桨划向目标。"

——约翰·伦道夫

"他不属于狮子或老虎等族群，他是更低等的种族狐狸。"

——约翰·C·卡尔洪

威廉·亨利·哈里森

William Henry Harrison

第九任总统（1841年任职）

> "与权力无限制的使用相比，没有什么更能对我们心底最高尚和最美好的感觉有更大的摧残和破坏了。"

当整个国家都在迎接1840年的美国总统大选的时候，衰弱的国家经济为辉格党提供了一个赢得总统席位的好机会。因为1837年的经济大恐慌，民主党在职总统马丁·范布伦已经不是那么受欢迎，人们甚至将这次经济大恐慌冠名为"马丁·范布伦之殃"。

按逻辑来说，辉格党的候选人似乎应当是实力强劲的肯塔基州州长亨利·克莱。然而，由于克莱在杰克逊的执政期内支持不受欢迎的关税，因此在早期辉格党中极具影响力的南方种植园主们对他很愤怒。于是，辉格党最终决定推选威廉·亨利·哈里森为总统。威廉·亨利·哈里森在蒂珀卡努战役①和泰晤士战役②的英雄气概使得他拥有和安德

---

① 蒂珀卡努战役：美国军队打败肖尼人的一场战役。哈里森将军率领一支美军追击肖尼人，后在蒂珀卡努河畔的印第安人都城先知城，击败印第安人，哈里森成为国家英雄。

② 泰晤士河战役：伊利湖战役英军战败后，美军在哈里森将军率领下乘胜追击，由印第安人率领的英军与美军在安大略摩拉维亚镇附近的泰晤士河相遇。由于众寡悬殊，英军一触即溃，美军的胜利瓦解了英国与印第安联盟。

鲁·杰克逊相似的魅力。在当上总统之前，威廉·亨利·哈里森还曾经担任过好几个政治职位，然而他却没有能够在战场之外的领域内展示出自己的领导才能。当威廉·亨利·哈里森获得1840年总统大选提名时，他正在印第安纳领地当乡村职员。

辉格党人从杰克逊的总统经历中了解到：从政治角度来讲，军事上的豪言壮语会胜过从政的经历。辉格党闭口不谈当前的问题，比如衰退的经济和愈演愈烈的奴隶制问题，而是在竞选过程之中，集中精力塑造威廉·亨利·哈里森"一座小木屋、一桶烈性苹果酒"的公众形象，以此作为竞选的策略。事实上，哈里森来自传统的弗吉尼亚家庭，受过良好的教育，而他自己也喜欢享受奢华的生活，甚至因此经常负债。

哈里森本应该成为一位有争议的总统，然而他在竞选成功后活的时间不长，以至于没有来得及做任何重大决定。这导致了局面的一些混乱，因为他曾经向许多人承诺会给予对方一个政府职位。1841年3月4日，时年67岁的哈里森发表了历史上最长的一篇总统就职演讲。而在接下来的一个月里他一直生着病，3月末他染上了肺病。4月4日威廉·亨利·哈里森在华盛顿去世，当时他任职只有一个月。作为第一个在任期内去世的总统，威廉·亨利·哈里森的职位很快就被副总统约翰·泰勒取代。

生平纪实

出生：1773年2月9日出生于弗吉尼亚州查尔斯城。

血统：英格兰。

父亲：本杰明·哈里森，1726年4月5日出生于弗吉尼亚州查尔斯城，1791年4月24日在弗吉尼亚州查尔斯城逝世。

父亲的职业：种植园主、政治家。

母亲：伊丽莎白·巴西特·哈里森，1730年12月13日在弗吉尼亚州查尔斯城出生，1792年在弗吉尼亚州查尔斯城逝世。

妻子：安娜·塔特希尔·西姆斯，1775年7月25日在新泽西州莫利斯顿出生，1864年2月25日在俄亥俄州北本德逝世。

婚姻： 1795年11月25日在俄亥俄州北本德结婚。

子女： 伊丽莎白·巴西特（1796~1846），约翰·克利夫·西姆斯（1798~1830），露西（1800~1826），威廉·亨利（1802~1838），约翰·斯克特（1804~1878），本杰明（1806~1840），玛莉·西姆斯（1809~1842），卡特·巴西特（1811~1839），安娜·塔特希尔（1813~1865），詹姆士·芬德利（1814~1817）。

家庭住址： 印第安纳州温森斯农场。

教育： 私人辅导，汉普登·西德尼学院。

宗教信仰： 圣公会。

任职总统前的职务： 士兵、政治家。

兵役经历： 肯塔基州民兵团少将、美国陆军准将、美国陆军少将（指挥西北）。

任职总统前的政务职位： 西北地区部长，美国国会议员，印第安纳地区总督及印第安事务主管，俄亥俄州参议员，美国国会议员，驻哥伦比亚公使。

政党： 辉格党。

就职年龄： 68岁（1841年3月4日）。

逝世： 1841年4月4日在首都华盛顿逝世。

墓址： 俄亥俄州北本德威廉·亨利·哈里森州立公园。

别名： 老蒂珀卡努、老蒂珀。

著作： 《威廉·哈里森通信集》。

第一夫人：安娜·塔特希尔·西姆斯·哈里森
（Anna Tuthill Symmes Harrison）

安娜·西姆斯的父亲西姆斯法官不想让他温柔而受过良好教育的女儿成为前线军人的家属，因为军属将面临许多艰苦的条件和环境，因此，他最初反对女儿同威廉·亨利·哈里森的结合。

　　然而，当这一对年轻人结婚后，哈里森夫人勇敢地面对前线的心态和做法让人钦佩，甚至当哈里森成为印第安纳总督后，一家人搬到了更偏远的荒郊。随着他们年岁的增长，安娜越来越反对丈夫哈里森想成为总统的愿望。当哈里森就任总统的时候，他已经67岁了。在哈里森竞选成功后，哈里森夫人推迟前往白宫，于是他们寡居的儿媳珍妮·芬德雷·欧文·哈里森成了白宫女主人。在哈里森夫人动身前往华盛顿之前，哈里

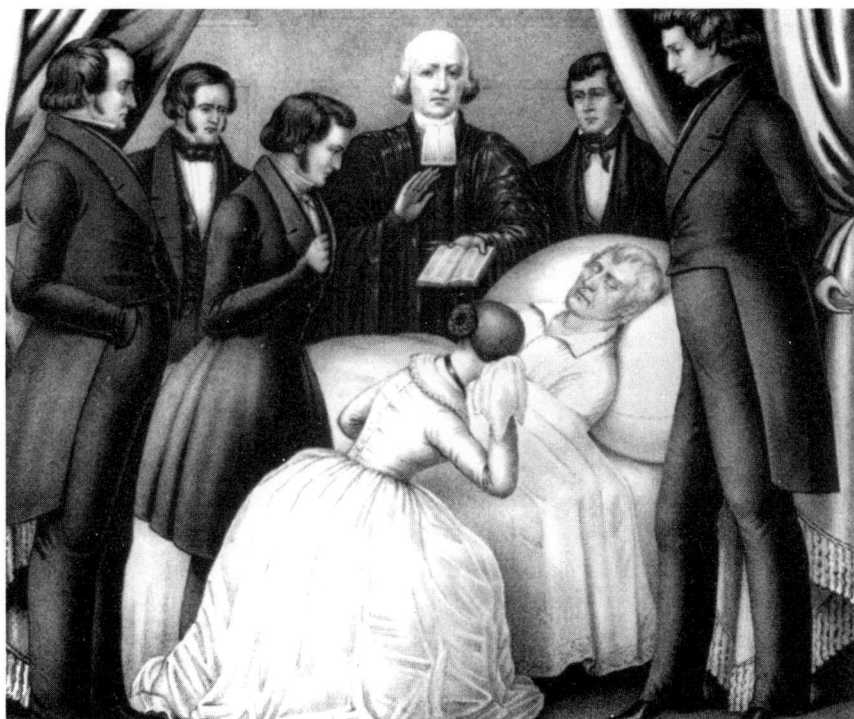

1841年4月4日，哈里森去世，他生前说的最后一句话是："我希望你们了解政府的真正原则，我希望它们能被执行，除此以外我别无所求。"

森总统就已经去世了。

哈里森的名言：

"必要性的借口是所有叛乱者永远的论点和论据。"

关于哈里森的评论：

"让范（范布伦）在铺有软垫的长椅上躺着，喝着从银质冷柜里拿出的酒水；而我们支持的人（指威廉·亨利·哈里森）在他的七叶树长椅上就能安然地躺着，喝着他的烈性苹果酒就会感到满足。"

——辉格党竞选歌曲

约翰·泰勒

John Tyler

第十任总统（1841～1845年任职）

"财富只能够通过工业收入和勤俭节约得到累积。"

作为美国的右派保守者，他被选为威廉·亨利·哈里森的竞选伙伴，以获取辉格党南方势力的选票。在1840年，辉格党没有大费周折就赢得了总统选举，而这全靠威廉·亨利·哈里森作为战争英雄得来的名声。他们的竞选口号是"蒂珀卡努联袂泰勒"，这显示了约翰·泰勒在政治上的次要地位，但谁也没想到他将来会成为总统。

当哈里森去世的时候，辉格党领导人以为泰勒会在执行其议程上继续延续前任总统的风格。1841年春天，亨利·克莱提出建立国家银行的议案。然而，不想成为一个有名无实的领导人的泰勒反对创建新美国银行的议案。

9月份，他的整个内阁，除了国务卿丹尼尔·韦伯斯特，其他所有成员全部辞职以抗议他的这一举措。辉格党称他为"碰巧阁下"。由于遭到辉格党和民主党的双重反对，泰勒所有的提议都被拒绝。但是，在合并得克萨斯州问题上他功

不可没。并且他的民族主义传到了得克萨斯以外的地方——"泰勒主义"把美国的领土利益扩大到了夏威夷群岛。他同时使得美国获得进入中国港口的权利，并获得了在中国的治外法权。

约翰·泰勒从来没有因为身为辉格党人而感觉到舒服自在。他支持各个州拥有的权利，并且分散联邦的权力，因此在1840年大选中约翰·泰勒被杰斐逊所在的民主党击败。泰勒同时是弗吉尼亚蓄奴贵族的成员之一。在他的生命快结束之时，被选入南部邦联众议院担任译员。

尽管有人在威廉·亨利·哈里森总统去世后公然称泰勒为"代总统"，但是泰勒拒绝承认自己只是为下一个当选总统预热宝座，他认为自己就是总统，他的权力不应因为就任总统的方式而减少。泰勒为后来陷入类似境地和位置的总统们开创了一个先例。

生平纪实

出生： 1790年3月29日在弗吉尼亚州查尔斯出生。

血统： 英格兰。

父亲： 约翰·泰勒，1747年2月28在弗吉尼亚州杰姆斯出生，1813年1月6日在弗吉尼亚州查尔斯逝世。

父亲的职业： 法官、弗吉尼亚州州长。

母亲： 玛丽·阿米斯特德·泰勒，1761年出生于弗吉尼亚州约克县，1797年4月5日在弗吉尼亚州查尔斯逝世。

第一任妻子： 利蒂希娅·克里斯琴，1790年11月12日在弗吉尼亚州新肯特县出生，1842年9月10日在华盛顿特区逝世。

第一次婚姻： 1813年3月29日在弗吉尼亚州新肯特县结婚。

第二任妻子： 朱莉娅·加德纳，1820年4月4日在纽约州加德纳岛出生，1889年7月10日在弗吉尼亚州里士满逝世。

第二次婚姻： 1844年6月26日在纽约举行。

子女：和第一任妻子生有玛丽（1825～1848），罗伯特（1816～
1877），约翰（1819～1896），利蒂希娅（1821～1907），伊丽莎白
（1823～1850），艾里斯（1827～1854），泰兹韦尔（1830～1874）；
和第二任妻子生有加德纳（1846～1927），约翰·亚历山大
（1848～1883），朱莉娅（1849～1871），拉克伦（1851～1902），莱
昂·加德纳（1853～1935），罗伯特·菲茨沃尔特（1856～1927），皮
尔（1860～1947）。

家庭住址：弗吉尼亚州查尔斯县舍伍德森林庄园。

教育：弗吉尼亚学校，威廉—玛丽学院。

宗教信仰：圣公会。

任职总统前的职务：律师。

兵役经历：弗吉尼亚志愿军上校。

任职总统前的政务职位：弗吉尼亚州众议院议员、美国众议院议
员、弗吉尼亚州州长、美国参议员、美国副总统。

政党：辉格党。

就职年龄：51岁（1841年4月6）。

离任总统后的工作：律师。

逝世：1862年在弗吉尼亚州里士满逝世。

墓址：弗吉尼亚州里士满好莱坞公墓。

别名：碰巧总统、碰巧阁下。

著作：《泰勒家族的书信和年代》。

第一夫人：朱莉娅·加德纳·泰勒
（Julia Gardiner Tyler）

朱莉娅·加德纳·泰勒是纽约一个声名显赫的家族的后代，她
从小便展示出优雅而训练有素的魅力。泰勒是第一个在任期内结婚

的总统，尽管有人批评他和妻子之间在年龄上相差30岁。泰勒夫人尽情享受了她8个月的白宫女主人的生活。她积极地支持自己的丈夫，尽管他失去了自己的政党及对手民主党的好感。朱莉娅·加德纳·泰勒同时拥有很好的幽默感。在一次丰盛的白宫派对后，她对丈夫说："他们不能再称你为没有党派的人了（英语中党派即PARTY，和表示派对、宴会的词语相同）。"

传教士马可仕·惠特曼和娜西莎·惠特曼是俄勒冈的首批聚居者。图中所示的惠特曼教区于1847年被一群"卡尤塞战士"袭击，惠特曼一家遇难。

泰勒夫妇退休后回到弗吉尼亚的种植园，并且在那里生了另外5个孩子，他们一共有7个孩子。后来联邦的溃败使得寡居的泰勒夫人穷困潦倒。1880年国会投票通过对所有总统遗孀提供补助金，朱莉娅·加德纳·泰勒这才在最后几年里获得了一部分生活补助金。

泰勒的名言：

"我一直都认为：名声可以恰当地比作卖弄风情的女子——你越是追求她，她就越有可能避开你的怀抱。"

"美国人最主要的及最基本的控

马萨诸塞州的前参议员丹尼尔·韦伯斯特，他曾任泰勒的国务卿。

因其在美国前线的三个重要探险，约翰·查理·弗里蒙特被人称作"探路者"。

制势力就是联盟——不只是政府形式的联盟，而且是由几个人之间建立而成的联盟。"

"当存在这样一个不确定的状态时，也就是说政府明天有可能废止今天实行的政策，最谨慎的资本家们从不会冒险投资。"

关于泰勒的评论：

"泰勒是一个政治宗派主义者，属于残酷驱使奴隶的、弗吉尼亚式的、杰斐逊式的派别，这个派别的原则就是反对一切进步。奴隶制的一切利益、感情和罪恶已植根于他的道德素质和政治素质之中。"

——约翰·昆西·亚当斯

"他看上去有些疲倦和担忧，并且他还很有可能和任何人展开战斗。"

——查尔斯·狄更斯，英国小说家

詹姆斯·诺克斯·波尔克

James Knox Polk

第十一任总统（1845~1849年任职）

"我宁可自己亲自监督政府的运作，也不愿意将公共事务交付给我的下属，这使得我的责任非常重大。"

"谁是詹姆斯·诺克斯·波尔克？"在1844年的美国总统大选的时候，辉格党的一个口号就是这样写的。波尔克也许是美国历史上第一位"黑马"总统候选人，但是他也并不是默默无闻的。安德鲁·杰克逊曾经是波尔克父亲的好朋友，而小波尔克早期的政治事业也因为这一关系而蒸蒸日上。1824年波尔克进入众议院，当时安德鲁·杰克逊第一次和约翰·昆西·亚当斯竞争总统的职位。尽管杰克逊在竞选中失败了，但是波尔克成为众议院中激进的亲杰克逊的力量。波尔克在安德鲁·杰克逊长达4年的总统竞选过程中发挥了非常重要的作用，最终，安德鲁·杰克逊于1829年成功当选为美国总统。波尔克对老胡桃木（杰克逊的外号）的忠心将得到回报，在杰克逊的第二个任期内，波尔克就升至众议院发言人一职。后来，波尔克还担任过田纳西州州长。

在他的一生中，波尔克都是杰斐逊式民主党的坚定拥护者，他对银行和纸币都持怀疑态度。他也呼吁结束当时实行的选举制度，并宣布人民有直接选举总统的权力。作为美国扩张的坚定拥护者，波尔克毫不犹豫地支持兼并得克萨斯州，尽管那意味着同墨西哥的战争。在波尔克上任之时，他承诺只担任一届总统。他也为自己在任期内定下了四个目标：（1）降低关税；（2）创建独立国库制度；（3）解决和英国在俄勒冈问题上的纠纷；（4）取得加利福亚地区。波尔克在自己的一届任期内完成了所有的计划。

然而，这些成就是有代价的。加利福亚是通过同墨西哥的战争得到的——波尔克宣称墨西哥在美国土地上流血，但是那是一块有争议的领地。尽管大多数美国人赞同战争，但是也有少数人竭力反对。众议院中的一个年轻人——亚伯拉罕·林肯，把波尔克的宣言称作是"完全的欺骗"，他质问波尔克要他指出流淌着鲜血的美国的土地所在。

尽管自从购得路易斯安那州以来，这次胜利给美国带来了最大的领土增加，它同时也再次引起了关于奴隶制的争议。波尔克于1849年离任时，他自己的政党在这个问题上也是严重分裂。波尔克由于操劳过度导致体力衰竭，回家后几个月就去世了。

生平纪实

出生：1795年11月2日在北卡罗来纳州梅克伦堡县出生。

血统：苏格兰、爱尔兰。

父亲：塞缪尔·波尔克，1772年7月5日出生于北卡罗来纳州泰昂县。

父亲的职业：农民。

母亲：简·诺克斯，1776年11月15日出生于北卡罗来纳州艾尔德尔县，1852年1月11日在田纳西州毛里县逝世。

妻子：萨拉·奇尔德雷斯，1803年9月4日在田纳西州默弗里斯伯勒出生，1891年8月14日在田纳西州纳什维尔逝世。

婚姻： 1824年1月1日在田纳西州默弗里斯伯勒结婚。

子女： 无。

家庭住址： 田纳西州哥伦比亚波尔克宫。

教育： 私人学校，1818年在北卡罗来纳大学获得文学学士学位，还学习过法律。

宗教信仰： 长老教会。

任职总统前的职务： 律师。

兵役经历： 无。

任职总统前的政务职位： 田纳西立法院成员、美国众议院议员、众议院发言人、田纳西州州长。

政党： 民主党。

就职年龄： 49岁（1845年3月4日）。

离任总统后的工作： 退休。

逝世： 1849年6月15日在田纳西州纳什维尔逝世。

墓址： 田纳西州纳什维尔州府广场。

别名： 小胡桃木、讲坛上的拿破仑。

著作：《詹姆斯·诺克斯·波尔克日记》《詹姆斯·诺克斯·波尔克通信集》。

第一夫人：萨拉·奇尔德雷斯·波尔克
（Sarah Childress Polk）

萨拉·奇尔德雷斯出生在一个富有的家庭，受过良好的教育。她在北卡罗来纳的塞勒姆上过摩拉维亚的"女子学院"，当时只有少数妇女能享受到这种待遇。

作为第一夫人，萨拉·波尔克总是悄无声息地为丈夫的政治事务做参谋，为他出谋划策，并且帮助他准备讲演。同时，第一夫人的角色也为她赢来了机智而得体的女主人的声望。

　　这对夫妻终生都没有生育过孩子，波尔克夫人也因此全力投身于推动丈夫政治生涯的工作中。在宗教信仰方面，萨拉·奇尔德雷斯极为正统。居住在总统官邸的日子里，她禁止在白宫内举办舞会，也禁止喝酒、玩牌。尽管当时萨拉·奇尔德雷斯和丈夫詹姆斯·诺克斯·波尔克曾参加过就职舞会，但是当他们进入舞会大厅的时候，舞会戛然而止，并且直到他们离开两小时后舞会才又重新开始。

1847年8月19日楚鲁巴斯科战役。

波尔克的名言：

　　"但愿公众舆论能够始终执行与之适宜的其中一种职能，即教导美国各州政府和联邦政府的公务员们，任何一方都不得跨越自己的权限，行使宪法赋予另一方的权利。"

关于波尔克的评论：

"波尔克没有才智，没有文采，说话辩论说不到点子上，外表上没有气质，在说话上也没有口才，没有自己的风格，没有哲学，没有痛苦，没有巧妙的即兴演讲。"

——约翰·昆西·亚当斯

"对于不凡的工作能力——无论是脑力还是体力的，波尔克将自由人民的最高长官所必备的老练和判断结合起来。"

——安德鲁·杰克逊

扎卡里·泰勒

Zachary Taylor

第十二任总统（1849~1850年任职）

　　"我应该成为总统的这一想法对我来说太虚幻了，以至于我不需要一个认真的回答。我从来没有想过这件事，神志清醒的人都不会这么想。"

　　在竞选总统之前，扎卡里·泰勒从来没有担任过任何因为选举而产生的职位。他甚至没有投过票。但是，他在美墨战争中的军事才能使得他成为一个民族英雄，因此，辉格党把他当作理想的总统候选人。竞选的时候，因为他谨慎地避免在任何问题上发表自己的意见，泰勒以微弱的优势险胜密歇根州的民主党候选人刘易斯·卡斯和前任总统马丁·范布伦。范布伦当时在反奴隶制的自由土地党的旗帜下参与竞选。

　　泰勒是在严峻的危机时期进入白宫的。美墨战争中的胜利给联盟增加了大片的新领土，从新墨西哥一直延伸到加利福尼亚。决定这些新的州是以自由州还是以奴隶州的身份加入联盟具有重大的意义，因为它可能会非常戏剧化地改变南北双方的势力平衡，而这种平衡在过去30年中使南北双方避免了内战的爆发。

肯塔基的亨利·克莱等辉格党领袖希望泰勒能在解决冲突的时候跟随前任，但是他们很快就失望了。让辉格党和民主党气愤的是，泰勒鼓励加利福尼亚和新墨西哥的移民放弃领土身份，并且他还立即召开了各州的大会。在这些大会上，泰勒催促他们在奴隶制的问题上自己做决定，而不要国会干涉。

泰勒拥有100多个奴隶，是南方的大奴隶主之一。然而，他在军队中长时期的服役经历让他成了一个坚定的民族主义者。1850年2月，当《1850年妥协案》①的大辩论正在进行之中的时候，扎卡里·泰勒曾经威胁说，如果任何州脱离联盟，他将亲自带军维护联邦的统一。他也表明了自己对妥协没有兴趣，他反对妥协的态度异常坚决，并发誓反对国会强制执行任何针对奴隶制危机的解决办法。

泰勒1850年的突然去世改变了美国的历史。副总统米勒德·菲尔莫尔就职后，他迅速签署了《1850年妥协案》。有些人认为，如果泰勒活着，南北战争可能就会避免，但是其实更有可能的是，战争也许会更早地到来。尽管泰勒有果断的态度和行动干脆的声望，但是他将国会从关于奴隶制的讨论中抽离出来的企图最多不过是一个天真的想法。虽然果断的态度在战场上让泰勒受益匪浅，但是对于奴隶制问题，这种政治冲突毕竟是另外一种截然不同的战争。

生平纪实

出生：1784年11月24日出生于弗吉尼亚州奥伦奇县。

血统：英格兰。

父亲：理查德·泰勒，1744年4月3日在弗吉尼亚州奥伦奇县出生，1829年1月19日在肯塔基州路易斯维尔附近逝世。

父亲的职业：士兵、地主、公务员。

---

① 《1850年妥协案》：美国国会就有关奴隶制问题于1850年9月通过的5个法案的通称。19世纪40年代，南北之间围绕奴隶制度地域界限问题的争执日趋激烈。鉴于南部各州以脱离联邦相威胁，辉格党领袖H.克莱等人自1850年初先后向国会提出一系列妥协性议案。

母亲：莎拉·萨利·斯特罗瑟·泰勒，生于1760年9月21日，死于1852年8月13日。

妻子：玛格丽特·麦克尔·史密斯，1788年9月21日出生于马里兰，1852年8月18日逝世。

婚姻：1810年6月21日在肯塔基州杰斐逊县结婚。

子女：安妮·麦克尔（1811～1875），莎拉·诺克斯（1814～1835），欧雅·班尼尔（1816～1820），玛格丽特·史密斯（1819～1820），玛丽·伊丽莎白（1824～1909），理查德（1826～1879）。

家庭住址：路易斯安那州首府巴吞鲁日。

教育：受过一些家庭辅导。

宗教信仰：圣公会。

任职总统前的职务：士兵、农民。

兵役经历：肯塔基州民兵团，从美国陆军中尉升至少将。

任职总统前的政务职位：无。

政党：辉格党。

就职年龄：64岁（1849年4月5日）。

逝世：1850年7月9日在华盛顿特区逝世。

墓址：肯塔基州杰斐逊县。

别名：精悍的老粗。

著作：《扎卡里·泰勒通信集》。

第一夫人：玛格丽特·"佩吉"·麦克尔·史密斯·泰勒
（Margaret "Peggy" Mackall Smith Taylor）

玛格丽特·麦克尔·史密斯是一个马里兰种植园主的孤儿。1810年她嫁给了泰勒，在结婚的最初几年里，她一直都是在西部前线辗转度过的。他们的生活遭受了艰辛、疾病以及3个孩子的先后去世。玛格丽特·泰勒艰难而粗俗的前线妇女的公众形象伴随着她直到进入白宫，尽管她实际上

拥有较为优雅的风范。玛格丽特·麦克尔·史密斯对丈夫的竞选心存不满，据说她曾经发誓：如果从美墨战争中平安归来，她将不会踏入社交圈。

她将白宫官方女主人的责任转交给了她25岁的女儿——玛丽·伊丽莎白（见左上图）。玛丽也叫贝蒂，她嫁给了父亲的副官兼秘书——威廉·布利斯，她充分享受了自己作为优雅和能干女主人的名声。泰勒的另一个女儿莎拉·诺克斯嫁给了后来的联邦总统杰斐逊·戴维斯。

丑闻！总统之死

扎卡里·泰勒的突然离世使得人们怀疑他是死于砒霜中毒。有人认为谋杀者可能是对泰勒心存怒火的南方人，他之所以要杀害扎卡里·泰勒是因泰勒反对1850年妥协案，以及泰勒威胁说，如果企图反抗的州要脱离联盟，他将利用总统权力，发动联邦军队展开进攻。然而，1991年，由一个验尸官和法院人类学家执行的验尸结果排除了这种怀疑。

这并不意味着泰勒之死是不可避免的。

1850年7月9日，扎卡里·泰勒在华盛顿特区去世。

的确，当时的医学条件在很大程度上可能会让总统的健康恶化。当他生病的时候，医生们开出了大剂量的吐根、氯化亚汞、奎宁和鸦片。当时在进行了这些标准疗法后，医生紧跟着又给他放血，并且让他的皮肤起水泡以排除他身体内的毒素。

然而4天后，泰勒总统就去世了。

泰勒的名言：

"半个世纪以来，王国和帝国一个接一个地崩溃，这个合众国却岿然不动。创立合众国的爱国者们早已作古，但是合众国依然存在，成了纪念他们最光荣的丰碑。"

"在履行职责的时候，我的向导将是宪法，我今天发誓会坚持它、保护它、维护它。"

关于泰勒的评论：

"他的提名是一个阴谋：这不仅让我失去了他的陪伴，而且他也因为不必要的担心和责任而缩短了他的寿命。"

——扎卡里·泰勒夫人

米勒德·菲尔莫尔

Millard Fillmore

第十三任总统（1850～1853年任职）

> "上帝知道我憎恨奴隶制度，但是它不是一种由我们造成的罪恶，不仅如此，我们还得忍受它的存在……直到我们能消灭它，而不毁灭世界上最后一个自由政府的希望。"

当扎卡里·泰勒于1850年7月骤然去世的时候，很多人都认为他的死虽然很悲惨，但是却能拯救一个国家，因为泰勒的强硬态度会促使内战迟早（甚至更早一些）爆发。"精悍的老粗"本身是一个十分受欢迎的总统，但是，他在合众国对奴隶制的争论中不肯屈服的态度进一步将国家推向了战争的边缘。

当美国处于历史的危急时刻，在泰勒病逝以后，菲尔莫尔继任了总统这一职位。美墨战争让美国得到了许多新的领地，因此引发了这些领土是给蓄奴区还是给自由区的激烈争论。菲尔莫尔是一个很温和的总统。据报道，在泰勒去世之前的几天，他还曾经告诉泰勒总统，如果1850年的妥协案还需要在国会内投票决定的话，他将投支持票。后来，菲尔莫尔签署组成妥协案的5个条款时，有份报纸宣称"国家就此被拯救了"。在肯塔基的亨利·克莱的提议下，这个妥协案将加利福尼亚州定为自由州，而允许奴隶主在其他地区聚居。这虽然几乎没能解决什么问题，但是的确带来了为期11年的和平。

支持奴隶制的组织反对将加利福尼亚州列为自由州，并且也反对在首都华盛顿特区禁止奴隶买卖的规定。废奴主义者憎恨《逃亡奴隶法》，因为它威胁到了那些为逃走的奴隶提供帮助和教唆奴隶逃亡的人，这些法律会对他们施加严厉的刑事和民事处罚。这项法律让菲尔莫尔及辉格党付出了昂贵的代价。北部地区废奴主义者辉格党人因为不满于菲尔莫尔签署议案的举动，拒绝让他担任1852年大选的辉格党总统候选人。他们选择了后来在大选中狼狈落败的年长的陆军英雄——温菲尔德·斯科特将军。那次失败后，辉格党实际上已经崩溃。辉格党大败之后，两个新的政党——反对奴隶制的共和党和排斥外国人的美国党成立了。菲尔莫尔于1856年选择加入了排斥外国人的美国党，但是他作为总统候选人仅仅赢得了一个州的支持。

生平纪实

出生：1800年1月7日在纽约州卡尤加县洛基镇出生。

血统：英格兰。

父亲：纳撒尼尔·菲尔莫尔，1771年4月19日在佛蒙特州本宁顿出生，1863年3月28日在纽约州奥罗拉逝世。

父亲的职业：农民。

母亲：菲比·米勒德·菲尔莫尔，1781年在马萨诸塞州匹兹菲尔德市出生，1831年4月2日在纽约洛基镇逝世。

第一任妻子：艾比盖尔·鲍尔斯，1798年3月13日在纽约州斯蒂尔沃特出生，1853年3月30日在华盛顿特区逝世。

第一次婚姻：1826年2月5日与艾比盖尔·鲍尔斯在纽约州摩拉维亚结婚。

第二任妻子：卡洛琳·卡迈克尔·麦金托什，1813年10月21日在新泽西州莫里森镇出生，1881年8月11日在纽约州布法罗逝世。

第二次婚姻：1858年2月10日与卡洛琳结婚。

子女（和第一任妻子所生）：米勒德·鲍尔斯（1828~1889），玛丽·艾比盖尔（1832~1854）。

家庭住址：纽约州东奥罗拉。

教育：上过公共学校，在纽约州卡尤加县和布法罗学习过法律。

宗教信仰：唯一神教。

任职总统前的职务：织布厂学徒、羊毛作坊学徒、律师。

兵役经历：少校。

任职总统前的政务职位：纽约立法会成员、美国众议院议员、美国副总统。

政党：辉格党（总统任期内），美国党（从1854年开始）。

就职年龄：50岁。

离任总统后的工作：政治家、布法罗大学校长。

逝世：1874年3月8日在纽约州布法罗逝世。

墓址：纽约州布法罗森林草地公墓。

别名：美国的路易斯·菲利普。

著作：《米勒德·菲尔莫尔作品集》。

第一夫人：艾比盖尔·鲍尔斯·菲尔莫尔
（Abigail Powers Fillmore）

艾比盖尔·鲍尔斯·菲尔莫尔在结婚前曾有过一份可以拿到薪水的工作——这在美国第一夫人中是第一例。1826年结婚后，这对夫妇在经济上入不敷出，状况稍微好转一些后，她放弃了学校教师的工作，全身心地投入到家庭生活中。

1850年7月9日，前总统泰勒去世后，菲尔莫尔和其夫人艾比盖尔·

菲尔莫尔搬进了白宫。作为一个优雅但是不擅长社交而且身体虚弱的第一夫人，艾比盖尔经常依赖自己的女儿，让她代替自己尽白宫女主人的义务。然而，身为第一夫人，她实际上做出过很多的贡献，她是创建白宫图书馆的第一人。艾比盖尔去世五年后，菲尔莫尔和卡洛琳·麦金托什结了婚。

Read and Ponder
FUGITIVE SLAVE LAW!

Which disregards all the ordinary securities of PERSONAL LIBERTY, which tramples on the Constitution, by its denial

of the sacred rights of Trial by Jury, *Habeas Corpus*, and Appeal, and which enacts, that the Cardinal Virtues of Christianity shall be considered, in the eye of the law, as CRIMES, punishable with the severest penalties,— *Fines and Imprisonment.*

Freemen of Massachusetts, REMEMBER, That Samuel A. Elliott of Boston, voted for this law, that Millard Filmore, our whig President *approved* it and the Whig Journals of Massachusetts sustain them in this iniquity.

这份全面反对《逃亡奴隶法》的大字报在马萨诸塞州——一个反奴隶制观点的驻地印刷。这份包含于《1850年妥协案》中的法令要求人们把逃跑的奴隶送还其主人，否则会因为没有这样做而被施以重罚。

菲尔莫尔的名言：

"当看到外国人竞选拉票、政治职位被在国外出生的人所占据，而在本国出生的人却遭到排挤的时候，有哪个正直的美国人脸上不会露出羞愧之意呢？"

——1856年米勒德·菲尔莫尔代表美国党竞选中所说

关于菲尔莫尔的评论：

"无论是在一个国家还是一个州，没有谁的服务能够比这个忠心的公仆更为出色的了。"

——约翰·昆西·亚当斯

富兰克林·皮尔斯

Franklin Pierce

第十四任总统（1853~1857年任职）

"我相信存在于联盟不同州的无意识奴役是由宪法认可的。我相信它和任何被承认的权利一样，它存在的那些州有权对它做出有效的补救，以符合宪法的规定。"

1853年1月，一辆从波士顿开往新罕布什尔州康科德的火车出轨，在这辆火车上，恰好坐着总统当选人富兰克林·皮尔斯、他的妻子珍妮和11岁的儿子本杰明。他们是去参加一个葬礼，真没想到，朋友的葬礼还没举办，皮尔斯夫妇却目睹了儿子的死亡。已经遭遇过2个儿子去世痛苦的皮尔斯夫人把这次惨剧看作是上帝的暗示："本杰明的死是上帝对皮尔斯政治野心的惩罚。"从那时起，珍妮·皮尔斯几乎从公众的视线中消失了，由无法控制的力量所带来的悲痛贯穿着富兰克林·皮尔斯的整个总统任期。

富兰克林的早期生活经历对他后来领导一个处在战争边缘的国家没有多大的帮助。尽管皮尔斯的父亲曾经是新罕布什尔州的州长，并且皮尔斯在29岁的时候就开始为美国国会服务，但是他并没有做出什么突出的成

绩。在华盛顿的社交圈里，年轻的皮尔斯英俊而迷人，热衷玩乐并且嗜好饮酒。他的魅力、家族关系，以及他善于结交朋友的手腕使得他成为新罕布什尔州的重要人物。作为国家舞台上的政治家，皮尔斯倾向于跟随别人的领导。1852年，当皮尔斯协助用一个更倾向于妥协的候选人替换自有土地民主党候选人时，支持奴隶制的南部民主党人开始注意到他。作为一个来自北方的支持南方的政治家，如果他不是联合整个国家的理想人选，那么他看上去也是联合整个民主党的理想人选。

然而，皮尔斯在他的任期内面临了一系列的麻烦。他极为相信1850年妥协案能够解决奴隶制问题；不过，伊利诺伊州参议员斯蒂芬·道格拉斯再次提出了这个问题，他提议允许堪萨斯州和内布拉斯加州自己解决关于奴隶的问题。皮尔斯最终屈服于支持奴隶制的势力，随即，他签署了《堪萨斯—内布拉斯加法案》①，这一事件导致了堪萨斯州进入无政府状态之中。在堪萨斯州，支持奴隶制势力的武装和反对奴隶制的自由土地派移民经常会发生冲突。

等到1856年民主党召开大会，以确定1856年大选的总统候选人时，皮尔斯已经失去了党内的支持，他成为第一个被所在的政党拒绝再次选举提名的在任总统。最后詹姆斯·布坎南获得了民主党的提名。

1857年，皮尔斯退出公众生活，回到新罕布什尔州从事法律事业。

生平纪实

出生：1804年11月23日，出生在新罕布什尔州希尔斯伯勒。

血统：英格兰。

父亲：本杰明·皮尔斯，1757年12月25日在马萨诸塞州切姆斯德出生，1839年12月逝世。

---

① 《堪萨斯-内布拉斯加法案》：1854年美国国会通过的取消限制奴隶制扩展到西部新开发地区的法案。反对该法案的人于1854年7月组成美国共和党。这一法案导致资本主义和奴隶制的矛盾进一步激化，最终酿成堪萨斯内战，从而导致南北战争。

父亲的职业：士兵、农民、新罕布什尔州州长。

母亲：安娜·肯德里克·皮尔斯，1768年出生，1838年逝世。

妻子：珍妮·米恩斯·阿普尔顿，1806年3月12日在新罕布什尔州汉普顿出生，1863年12月2日在马萨诸塞州安杜佛逝世。

婚姻：1834年11月19日在新罕布什尔州阿姆赫斯特结婚。

子女：富兰克林（1836年，2月2日～2月5日），弗兰克·罗伯特（1839～1843），本杰明（1841～1853）。

家庭住址：新罕布什尔州希尔斯伯勒上村皮尔斯家园。

教育：上过公立学校和汉考克的中学，毕业于鲍土因学院。

宗教信仰：主教派。

任职总统前的职务：律师、政治家、士兵。

兵役经历：美国陆军准将。

任职总统前的政务职位：新罕布什尔州立法会发言人、美国众议院议员、美国国会成员、新罕布什尔州制宪大会主席。

政党：民主党。

就职年龄：48岁（1853年3月4日）。

离任总统后的工作：退休。

逝世：1869年10月8日在新罕布什尔州康科德逝世。

墓址：新罕布什尔州康科德老北方公墓。

别名：格拉尼特山的小胡桃木、英俊的弗兰克。

著作：《富兰克林·皮尔斯作品集》。

第一夫人：珍妮·米恩斯·阿普尔顿·皮尔斯
（Jane Means Appleton Pierce）

珍妮·米恩斯·阿普尔顿是鲍土因学院前校长的女儿，她羞涩而敏感。她最初支持丈夫对政治的追求，但是她对华盛顿交际圈的厌恶，以及几个儿子的相继夭折，对她想成为一个能干的第一夫人都产生了极大的负

面影响。

他们的第三个儿子本杰明死于火车事故，几个月后皮尔斯宣誓就职。尽管皮尔斯夫人没有出席1853年3月4日举行的简单的总统就职仪式，但是后来她来到了丈夫身边。她认为自己家庭所发生的一系列不幸都是由丈夫从事"肮脏"的政治活动引起的。

皮尔斯的名言：

"一个没有政党的共和国完全是个'畸形儿'。所有人心共向的政府的历史证明，企图在没有政党的情况下生存下去是荒唐可笑的。"

"你在我虚弱时召集我，那么你就得在我强大时支持我。"

——就职演说

关于皮尔斯的评论：

"无论谁当选总统，都不会比这个混蛋更让总统宝座蒙羞。"

——B·B·弗伦奇，皮尔斯的前国务卿

"弗兰克，我可怜你——我是真的，从内心可怜你！"

——纳斯尼尔·霍桑

詹姆斯·布坎南

James Buchanan

第十五任总统（1857～1861年任职）

> "无论结果会如何，我都会把这种意识带进坟墓——我是为这个国家的利益着想的。"

作为在1812年战争中在位的美国总统，詹姆斯·布坎南的年龄比他之前的三位总统的年龄都要大。在布坎南从政的40年间，他参加过美国参议院和众议院两院。他漫长的外交生涯开始于安德鲁·杰克逊的任期，当时他担任的是驻俄国公使。在那以后，他还先后担任过詹姆斯·波尔克的国务卿和富兰克林·皮尔斯的驻英国公使。在民主党看来，他长期驻外的经历使得他成了理想的总统候选人。这并非是因为他有独特的外交技巧，而是因为他在海外的职位让他避免了国内关于奴隶制问题的争议。

布坎南是一位善意的总统，尽管他优柔寡断，总是希望避免任何需要做出决定的情况。身为宾夕法尼亚人，布坎南自己对维持奴隶制没有兴趣。但是和他的前任皮尔斯及菲尔莫尔一样，他认为向支持奴隶制的势力屈服，总比冒险发动内

战要好。在他的总统就职演讲上，布坎南甚至将领土内的奴隶制之争描述为"愉快的，实际上无关紧要的问题"。布坎南就任后的几天内，美国最高法院在"德雷斯·斯科特诉森德福案"①中裁定：联邦政府没有任何宪法赋予的权力，可以在其领地内取缔奴隶制，因此也就推翻了在过去30年内避免了流血事件发生的《密苏里妥协案》。不幸的是，布坎南显示出了缺乏远见的弱点，因为他认为奴隶制问题"很快就能并且是最终彻底"地被解决掉。

然而，布坎南总统很快就意识到最高法院的德雷斯·斯科特决议使得境况更糟糕。接着，布坎南再次失策，他支持堪萨斯作为一个蓄奴州加入联邦，尽管堪萨斯在州内已经投票否决了奴隶制。1860年，南加利福尼亚脱离联邦时，布坎南辩称联邦是必须保留的神圣信任。然而与此同时，他大力鼓吹宪法，使得联邦政府无权阻止领土脱离。1860年，亚伯拉罕·林肯当选总统的时候，布坎南很乐意将权力转交给他的继任者。他对林肯说："亲爱的先生，如果你进入白宫的心情和我回惠特兰老家的心情相同的话，那你确实是一个幸运而快乐的人。"

生平纪实

出生：1791年4月23日出生于宾夕法尼亚州②甘朴湾。

血统：苏格兰、爱尔兰。

父亲：詹姆斯·布坎南，1761年出生于爱尔兰多内加尔市。

父亲的职业：商人、治安法官。

母亲：伊丽莎白·斯皮尔·布坎南，1767年出生于宾夕法尼亚州兰

---

① "德雷斯·斯科特诉森德福案"：奴隶德雷斯·斯科特在1846年以自由人身份向密苏里州法院起诉，理由是主人曾经将他带到自由州和自由准州，这已经使他成为一个自由人。最高法院的裁决认为：黑奴不具有同美国公民一样要求权利的资格，包括提出控诉的权利；奴隶是财产；等等。这项裁决激起北方反对奴隶制人士的愤怒情绪，终于在1861年爆发为公开的内战。

② 宾夕法尼亚州：美国东部的一个州，1787年成为东部十三州殖民地之一，在美国独立战争及新共和国成立中起过重要作用。首府为哈里斯堡，最大城市是费城。

开斯特县，1833年在格林堡①逝世。

妻子： 无。

子女： 无。

家庭住址： 宾夕法尼亚州兰开斯特县惠特兰庄园。

教育： 上过旧石学院，后从迪金森学院毕业（1809年）。

宗教信仰： 长老教会。

任职总统前的职务： 律师。

兵役经历： 无。

任职总统前的政务职位： 宾夕法尼亚州立法会成员、美国众议院议员、驻俄国公使、美国国会成员、国务卿、驻英国公使。

政党： 民主党。

就职年龄： 65岁（1857年3月4日）。

离任总统后的工作： 退休。

逝世： 1868年6月1日在宾夕法尼亚州兰开斯特逝世。

墓址： 宾夕法尼亚州兰开斯特伍德沃德山公墓。

别名： 十美分吉米、老伙计。

著作： 《南北战争前夕布坎南先生的政府》。

第一夫人：哈里特·莱恩（约翰斯顿）
（Harriet Lane［Johnston］）

布坎南是美国历史上唯一一个终身未婚的总统。哈里特·莱恩为其舅舅和法定监护人布坎南承担着白宫女主人的责任。她的双亲在她11岁时先后去世了。别名为"民主党皇后"的莱恩在26岁的时候便因为其举止端庄大方和热情受到了大家的欢迎，然而因为奴隶制带来的压力不断

---

① 格林堡：美国宾夕法尼亚州西南一城市，位于匹兹堡东南偏东。于18世纪晚期始建，1928年正式立市。

升高，在布坎南任总统的几年间，很难在总统官邸内举办娱乐活动和晚宴。36岁的时候，莱恩嫁给了巴尔的摩的银行家亨利·伊利特·约翰逊。接下来的18年里，她先后经历了她的舅舅、两个年幼的儿子及丈夫的去世。在她去世之前，莱恩把自己数量可观的史密森协会艺术藏品遗赠给了国家，她还将一大笔财产捐献给了哈里特·莱恩门诊部。

图中的《弗兰克·莱斯利新闻画报》头版上展示的是高等法院关于德雷特·斯科特的判决案，它通过推翻《密苏里妥协案》而结束了40年不稳定的和平状态。

布坎南的名言：

"自从华盛顿时代以来，避免卷入联盟就一直是我们政策的准则……我们寻求在友好的精神下公平地对待所有的国家，也要求能得到他们以同样的方式对待我们。"

"联邦中存在着这么一些地方：如果你释放奴隶，他们会成为你的主人。有没有人能纵容这样一种可怕的观点，即通过屠杀南方的狭义种族，以达到废除奴隶制的目的。"

"对的事情和实际的事情完全是两码事。"

关于布坎南的评论：

"布坎南先生是一个能干的人，但是在细小的问题上，他缺乏判断，经常会做出一些只有老妇人才会有的举动。"

——詹姆斯·诺克斯·波尔克

"无论布坎南先生升至总统产生了什么样的影响……对我来说，他在那些事件之前确实是一个谨慎的、考虑周到而有远见的人。"

——马丁·范布伦

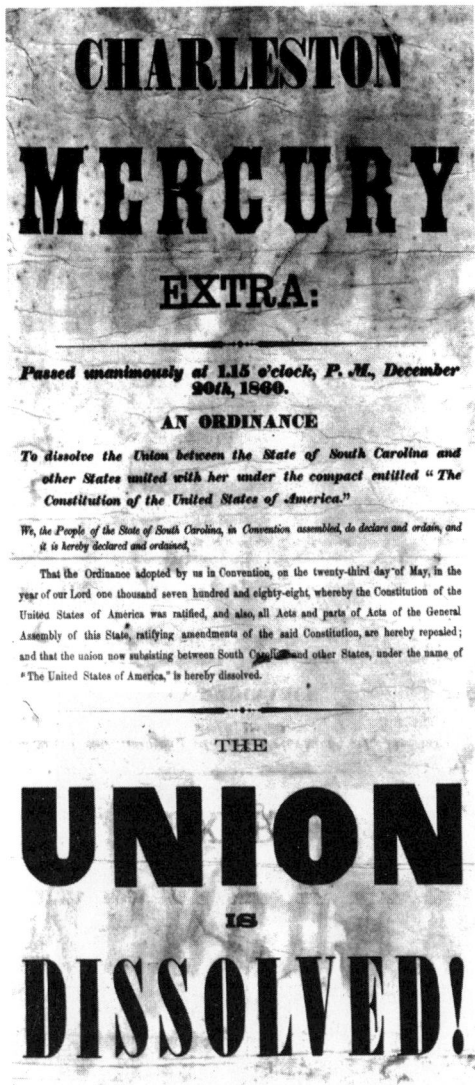

图中《查理斯敦信使邮报》的头版显示，南卡罗来纳于1860年12月20日正式脱离联盟。

亚伯拉罕·林肯
Abraham Lincoln
第十六任总统（1861~1865年任职）

> "八十七年前，我们的先辈们在这个大陆上创立了一个新的国家，它孕育于自由之中，奉行所有人生来平等的原则。"

虽然亚伯拉罕·林肯出生在一个偏僻地区的小木屋之中，但是当他于1860年获得总统选举提名的时候，亚伯拉罕·林肯这个名字已经是家喻户晓。他对奴隶制的扩张表示明确的反对，这将他置身于新共和党的最前线，并且他的当选——他赢得了不到40%的直接选票——引发了南方11个蓄奴州退出联邦。

尽管反对奴隶制，林肯本人却并不是废奴主义者。正如他自己所说的那样："在这场斗争中，我的主要目标是拯救联邦，而不是拯救或摧毁奴隶制。"与此同时，林肯坚定地认为脱离联邦是对宪法最大的违背，应当采用一切方法阻止。

林肯十分明白，他将面对以前的任何总统——甚至是华盛顿，都没有经受过的考验。在如此重负之下的忍耐，使得他成为最受美国人民爱戴的英雄。但是在他的任期内，也就仅此而已。南方人把他看作是专制的暴君，而他所在党的成员则认为他是来自穷乡僻壤的傻子，没有勇气直接处理奴隶制问题。很多北方人开始怀疑总统是否有能力有效地领导战争，因为几次战斗的失利以及和边境各州奴隶主的谈判已看不出有什么成效。甚至当他颁布将联邦各州的奴隶释放的《解放黑奴宣言》以后，他确信自己将会输掉第二次竞选。然而，当南方的维克斯堡①在1863年7月4日被攻陷后，联盟获得了对密西西比河的控制，联邦也因此一分为二。劲敌罗伯特·爱德华·李②的部队被迫退至葛底斯堡③，联邦在北方发动最后一次战役后，南方的战斗力被彻底地摧毁，联邦获得了胜利。伴随着联邦逐渐接近胜利，公众对林肯的看法也发生了转变。政治家开始尊重他熟练的指挥，同时，公众也支持他对国家理想直接而有说服力的辩驳。

内战结束的时候，林肯全力促进和平与慈善事业的发展，希望能通过"收买"而不是惩罚南部联盟叛乱者来巩固和团结因为战争而趋向分裂的国家。林肯主张不分内战时的敌我，对所有的伤员进行关爱和救治。罗伯特·爱德华·李投降后的第五天，林肯被刺杀，他以国家最伟大的烈士的身份为自己的一生画上了句号。

生平纪实

出生：1809年2月12日在肯塔基州哈丁县出生。

血统：英格兰。

父亲：托马斯·林肯，1778年1月6日在弗吉尼亚州罗景汉姆县出生，1851年2月15日在伊利诺伊州科力斯县逝世。

---

① 维克斯堡：美国密西西比州西部的一座城市。1863年4月，格兰特率军渡河疾进，攻克吉布森港和格兰德格尔夫。美利坚联邦总统戴维斯电令彭伯顿将军坚守维克斯堡。格兰特围城六周。7月4日彭伯顿率三万人投降。这次战役成功地将美利坚联邦一分为二。

② 罗伯特·爱德华·李：美国内战时期美利坚联邦南军军事领袖。

③ 葛底斯堡：宾夕法尼亚南部钱伯斯堡东南的一城镇，是美国内战中一次较重要的联邦军胜利遗址，这次胜利抑制了罗伯特·E.李对北方的入侵。德怀特·爱德华·艾森豪威尔总统的农场，一个具有历史意义的遗址也在葛底斯堡。

父亲的职业：农民、木匠。

母亲：南希·汉克斯·林肯，1784年2月5日在弗吉尼亚州出生，1618年10月5日在印第安纳州斯潘塞县逝世。

继母：莎拉·布什·约翰逊·林肯，1788年12月12日出生于肯塔基州哈丁县，1869年4月10日在伊利诺伊州查尔斯顿逝世。

妻子：玛丽·托德，1818年12月13日出生于肯塔基州列克星敦，1882年7月6日在伊利诺伊州斯普林菲尔德逝世。

婚姻：1842年11月4日在伊利诺伊州斯普林菲尔德结婚。

子女：罗伯特·托德（1843～1926），爱德华·贝克（1846～1850），威廉·华莱士（1850～1862），托马斯·泰德（1853～1871）。

家庭住址：伊利诺伊州斯普林菲尔德。

教育：地方教育、自学。

宗教信仰：无。

任职总统前的职务：商店店员、商店店主、渡船船童、测量员、邮局局长、律师。

兵役经历：黑鹰战争时曾在志愿连服役三个月。

任职总统前的政务职位：伊利诺伊州立法机关成员、美国众议院议员。

政党：辉格党。

就职年龄：52岁（1861年3月4日）。

逝世：1865年4月15日在华盛顿特区逝世。

墓址：伊利诺伊州斯普林菲尔德橡树岭公墓。

别名：亚伯、诚实的亚伯、伊利诺伊州的劈木人。

著作：《亚伯拉罕·林肯作品选集》。

第一夫人：玛丽·托德·林肯

（Mary Todd Lincoln）

　　玛丽·托德生在一个南方家庭里，并因此得益于私人教育和贵族社交生活，但是作为第一夫人的林肯夫人颇受争议。同玛丽有近亲关系的在同盟部队任职的人，也指控她是同情联盟政府的间谍。尽管她支持联盟并通过违禁品救济协会给予前往北方的黑人帮助，但是很多人都对她持怀疑态度。偏头痛让她一天比一天衰弱，长时期的精神不稳定也导致了公众对她的批评，特别是在战争发生的时候，她还大张旗鼓地举办奢侈的宴会，人们对这种情况的批评更为激烈和尖锐。同时，林肯夫人担任了重新装修白宫公共场所的任务，并且

1862年4月夏伊洛战役中，联邦军队在尤里塞斯·格兰特的带领下突袭联盟军。尽管死伤众多，但是联盟军的阵线最后得以保持。

因为作为一个社交聚会的优雅女主人而
获得了众人的仰慕。丈夫林肯的被刺杀
以及三个儿子的相继身亡都使得她的健
康进一步恶化,她最后的岁月都是在痛
苦和孤独中度过的。

林肯委任约翰·麦克莱伦为波托马
克军团的陆军总指挥,后来他在
1864年的大选中反对林肯。

7月1日在盖茨堡战役牺牲的联邦军士兵。摄影家蒂莫西·奥沙利文拍摄。

林肯的名言:

"在这场斗争中,我的主要目标是拯救联邦,而不是拯救或摧毁奴隶
制。如果不释放任何奴隶,我会尽我所能去拯救联邦,如果释放所有的奴
隶能拯救联邦我也会去做,如果释放部分的奴隶能拯救联邦我依然还是会

去做。"

"对任何人都没有恶意，对所有人心存博爱，坚持正确的，因为上帝让我们看见真理，让我们努力完成我们的工作，缝合国家的伤口……在国家之内，让我们做好每件能达到和坚持长久和平的事情吧。"

林肯入选美国众议院，并公开反对墨西哥战争。

关于林肯的评论：

"执行力和魄力是人们很少有的品质，而总统正是最具有这些品质的人。"

——国务卿威廉·H.苏华德致妻书

"我们国家的一切都应该归因于他，上帝只是把我当作惩罚他的手段。"

——刺杀林肯的约翰·魏克斯·布斯

安德鲁·约翰逊

Andrew Johnson

第十七任总统（1865～1869年任职）

"我们的政府来自人民，是为人民服务的，而不是让人民为政府服务。政府为人民效忠，从人民中得到勇气、力量和智慧。"

安德鲁·约翰逊是一个喜欢酗酒的、靠自我奋斗成功的种族主义者。他最初默默无闻，后来被亚伯拉罕·林肯发掘，直到最后成为美国历史上第一位被弹劾的总统。在美国内战爆发的时候，约翰逊发现自己处于一个动荡的时代：他反对反奴隶制的共和党，同时也谴责反叛的脱离联邦论调者。因为约翰逊在内战中是唯一一个对联邦保持忠心的南方参议员，林肯将他选为自己1864年的竞选伙伴。在林肯看来，这是团结的表现，因为他认识到第二届任期内的主要任务就是抚平国家分裂的伤口。

从一开始就非常明了的是，约翰逊根本就没有做好胜任这一角色的准备。林肯总统被刺杀而亡之后，在就职典礼上宣誓就职六个星期以后，约翰逊就发现自己既没有一个政党的支持，也没有任何可以使用的权力。从最开始起，约翰逊的举动就使他与国会内激进的共和党产生了纷争，他们认为约翰逊是无能的领袖，而且对南方人太过仁慈。约翰逊相信重建是执政者的责任，因此他发布了一系列宣告，让林肯的重建政策生效。然而，国会内的共和党人下定决心要惩罚南部地区的白人，并且赋予释放的非裔美国人完全的公民权利，包括选举的权利。约翰逊对国会的重建议案施行总统否决权，结果国会迅速推翻了他的否决。约翰逊没有能够否决掉，且最终被议会通过的另外一个议案是《官员任期法》。该议案要求总统在替换内阁成员的时候，必须先获得国会的批准，这一举措的目的就在于限制总统的权力。

在安德鲁·约翰逊的总统任期内，国会中激进的共和党人继续从执政部门夺取权力。当约翰逊因为解除陆军部长埃德温·斯坦顿的职务而违反《官员任期法》的时候，他踏进了国会设定的圈套。约翰逊被众议院弹劾，在交付参议院审议时，他最终因为参议院内的一票之差避免了被判罪行和遭到免职。安德鲁·约翰逊的无罪宣告拯救了他的总统之位，也确保了国会内的政治反对派不足以让一位总统退位，但是约翰逊却因此威信扫地，他没能获得1868年的总统竞选人提名。在任期结束之后，安德鲁·约翰逊仍然热衷于政治活动。1875年，约翰逊入选参议院，成为唯一一位以前总统身份入选的参议员。

生平纪实

出生：1808年12月29日生于北卡罗来纳州罗利市①。

血统：英格兰。

父亲：雅各布·约翰逊，1778年4月15日在北卡罗来纳州纽斯河②南岸出生，1812年1月11日在北卡罗来纳州罗利市逝世。

父亲的职业：杂物工、寺庙里的杂役。

---

① 罗利市：美国北卡罗来纳州的首府，位于该州的中东部，达勒姆市的东南。1788年被定为首府，1792年开始规划。

② 纽斯河：美国北卡罗来纳中东部一条河流，流程约442公里，总体向东南注入帕姆里科海峡。

母亲：玛丽·麦克多诺·约翰逊，1782年7月17日出生于北卡罗来纳州，1856年2月13日在田纳西州格林维尔①逝世。

妻子：伊丽莎·麦克德尔，1810年10月4日在田纳西州格林维尔出生，1876年1月15日在田纳西州格林县逝世。

婚姻：1827年12月17日在田纳西州格林维尔市结婚。

子女：玛莎（1828～1901），查尔斯（1830～1863），玛丽（1832～1883），罗伯特（1834～1869），安德鲁（1852～1879）。

家庭住址：田纳西州格林维尔市。

教育：自学，妻子辅导。

宗教信仰：无。

任职总统前的职务：裁缝、立法委员。

任职总统前的政务职位：格林维尔市议员及市长，田纳西州立法委员会成员，美国众议院议员，田纳西州州长，美国国会议员，美国副总统。

政党：民主党（1864年之前），共和党（1864年之后）。

就职年龄：56岁（1865年4月15日）。

离任总统后的工作：美国参议员。

逝世：1875年7月31日在田纳西州卡特县逝世。

墓址：田纳西州格林维尔市安德鲁·约翰逊国家公墓。

别名：田纳西州裁缝。

著作：《安德鲁·约翰逊作品集》。

第一夫人：伊丽莎·麦克德尔·约翰逊
（Eliza McCardle Johnson）

伊丽莎·麦克德尔是一个苏格兰皮鞋匠的女儿，她因为教自己的丈夫安德鲁·约翰逊读、写、算而闻名。她和约翰逊在少年时代结婚，随后

① 格林维尔：美国南卡罗来纳州西北部一城市，位于哥伦比亚西北。始建于1797年，如今是制造业中心和度假胜地。

依靠约翰逊当理发师的父亲的收入在田纳西
州的格林维尔市生活。当约翰逊全力专注于
政治事业的时候，她独自抚养着他们的五个
孩子：玛莎、查尔斯、玛丽、罗伯特和安德
鲁。林肯被刺杀后，白宫成为约翰逊整个大
家庭的活动中心，包括他们的女儿玛莎和女
儿的丈夫大卫·T·帕特森参议员都住在那
里。约翰逊夫人多年来一直都在生病，很少
离开自己的房间。于是，玛莎·帕特森就代
替她成了一位优雅的白宫女主人，即使在她的父亲被弹劾期间也仍然尽职
尽责。

亚伯拉罕·林肯被约翰·魏克斯·布斯刺杀身亡后，在华盛顿特区的"柯克伍德"饭
店的客厅安德鲁·约翰逊从首席法官萨蒙·P.蔡斯手中接过宣誓词。

约翰逊的名言：

"我投票反对他，我演讲反对他，我花钱以击败他，但是我还是热爱我的国家，我热爱宪法，我打算坚持捍卫宪法和联邦。"

——亚伯拉罕·林肯当选总统后，约翰逊对林肯的评论

"在我们国家遇到的所有危险中，没有一个能比得上我们现在努力让南部地区非洲化后所产生的危险。"

——谈到要求赋予黑人票权的提议时所说

"个人的自由、财产及生命，如果被激情、偏见或统治者的贪婪所攻击，都不会有任何保障。"

——1867年12月3日，第三次致国会的演讲中所说

关于约翰逊的评论：

"他被自己邪恶的圈套包围、妨碍和搅乱。不幸的不快乐的人，看着你的毁灭吧！"

——国会议员撒迪厄斯·史蒂文斯在弹劾事件中所说

镀金时代的
美国总统

尤里西斯·S.格兰特

Ulysses S.Grant

第十八任总统（1869～1877年任职）

"我本人不会制定强迫人民意愿的政策。"

　　当1861年美国内战爆发时，尤里塞斯·S.格兰特还是一个小店员，他的父亲在伊利诺伊州开了一家皮具店，他们就靠着这个小店勉强度日。没有人会想到等到内战结束的时候，格兰特会成为这个国家的民族英雄，更没有人会想到他会成为美国总统。

　　格兰特毕业于西点军校，他曾经在美墨战争中服役，于1854年退役。在尝试经营农场和房产均告失败之后，他非常渴望找到一个能获取成功的工作。美国内战爆发的时候，他写信给陆军长官，期望能重新获得陆军中的任命，后来格兰特被任命为伊利诺伊步兵团的上校，在密苏里战场上指挥战斗。格兰特指挥的军队战绩尤其突出，在占领亨利要塞和顿纳尔森要塞时，他的指挥才能得以充分显示出来。虽然格兰特在夏伊洛战役中获得了最后胜利，但是他却招致了苛刻的批评，因为有人说，格兰特当时喝醉了，没有料到叛军的进攻，因而被打了个措手不及，但是林肯还是为他辩护，对他格外看重。在格兰特取得维克斯堡战役和查塔努加战役①的胜利后，林肯于1864年3月提拔他为中将，让他担任联邦军总司令，指挥全国的部队。等到他在弗吉尼亚的阿波马托克斯②接受罗伯特·李的投降时，他已经成为全国范围内最受钦佩的人之一了。

尽管从政经历非常之少，但是格兰特的声望还是让他成为1868年总统选举中共和党独一无二的候选人。他毫不费力地击败了前纽约州州长赫雷修·塞莫尔，塞莫尔曾经在内战期间批评过格兰特，并且支持过与联盟的和平谈判。不幸的是，格兰特在军事指挥上的成功并没有延续到其总统任期内。尽管他谨慎且诚实，但他选取了很多以前军队中的朋友和政治家进入内阁，从而导致内阁充斥着能力平庸和资历不够的成员。

在格兰特任期内出现了好几起丑闻，尽管他努力抑制腐败，最终这些丑闻还是让他下了台。当时工商界的三大投机家古尔德、德鲁和菲克斯几乎把黄金市场逼入绝境。格兰特的两个副总统、财政部长，甚至私人秘书都卷入影响重大的丑闻之中。不过，直到格兰特的第二个任期这些丑闻才被发现，因此，在他第一届任期结束时，深受欢迎的国家英雄仍在1872年的大选中以压倒其他对手的大好形势获得了连任机会。

在格兰特的两届总统任期内，参议院达到了权力的顶峰，这个趋势在内战后便开始产生了，这使得当时的景象好像是国会在领导着整个国家的运转，而不是总统在领导着整个国家。在19世纪以后的时间里，这种模式一直继续着，同时，国家也选举出一个又一个软弱无能的总统，他们都仅仅有过一届任期。

---

① 查塔努加战役：美国南北战争中在田纳西河畔查塔努加进行的一次决定性战役。查塔努加是铁路枢纽，具有重大战略意义。

② 阿波马托克斯：美国弗吉尼亚州中南部一城镇，1865年4月南部联盟将军罗伯特·爱德华·李在此地向联邦投降，美国南北战争就此结束。该址现为国家历史公园。

生平纪实

出生： 1822年4月27日在俄亥俄州波因特普莱斯顿出生。

血统： 英格兰、苏格兰。

父亲： 杰西·鲁特·格兰特，1794年1月23日在宾夕法尼亚州威斯特摩兰县出生，1873年6月29日在肯塔基州科文顿逝世。

父亲的职业： 皮革工人。

母亲： 汉娜·辛普森·格兰特，1798年11月23日在宾夕法尼亚州蒙哥马利县出生，1883年5月11日在新泽西州杰西市逝世。

烟瘾大得出名的格兰特出现在香烟广告中。

妻子： 朱丽娅·登特，1826年1月26日在密苏里州圣路易城出生，1902年12月14日在华盛顿特区逝世。

婚姻： 1848年8月22日在密苏里州圣路易城。

子女： 弗雷德里克·登特（1850～1912），尤里塞斯·辛普森（1852～1929），艾琳·伦歇尔（1855～1922），杰西·鲁特（1858～1934）。

教育： 当地学校，陆军学院，西点军校（1834年）。

宗教信仰： 循道宗。

任职总统前的职务： 士兵、农民、房地产经纪人、海关职员、皮革制品店店员。

兵役经历：美国第四步兵团少尉、美国第四步兵团上尉、准将、联邦陆军总司令。

任职总统前的政务职位：无。

政党：共和党。

就职年龄：46岁（1869年3月4日）。

离任总统后的工作：商人、作家。

逝世：1885年7月23日在纽约州麦克雷格山逝世。

墓址：纽约州格兰特墓地。

别名：阿波马托克斯英雄，无条件投降者。

著作：《个人回忆录》《作品集》。

第一夫人：朱丽娅·登特·格兰特
（Julia Dent Grant）

朱丽娅·登特喜欢钓鱼、骑马等户外运动。她是一个南方种植园主的女儿，就读于寄宿学校期间，喜欢家里悠闲的夏季生活。

然而，她和尤里塞斯·S.格兰特的婚姻充满着不幸和艰辛。她丈夫在部队的服役带来的是艰苦的生活状况，而后来生意上的失败则给这对夫妇经济上带来了重创。

格兰特夫人后来称她担任第一夫人的那些年是"最快乐的时光"，她特别受欢迎，非常慷慨地款待每一位客人。在丈夫去世后，总统遗孀养老金和《格兰特回忆录》的版税使得她度过了舒服的晚年生活。

丑闻！信贷公司丑闻和威士忌酿造案

关于信贷公司丑闻和威士忌酿造案对格兰特本人影响的漫画。

尽管格兰特本人从来没有因为腐败而被指控，但是他的很多亲信和所任命的官员却在他担任总统的第八年都卷入了丑闻。1872年9月，美国SUN公司指控副总统斯凯勒·科尔法、副总统提名人亨利·威尔逊、俄亥俄州代表（未来的美国总统）詹姆斯·加菲尔德及其他政治家，通过从联合太平洋铁路的股东美国信贷公司购买低于市价的股票获取了大量的非法利益。这次丑闻的中心人物是马萨诸塞州的代表奥克斯·埃姆斯，他负责向有意购买股票的政府官员出售信贷公司的股票，最终众议院因为埃姆斯和纽约代表詹姆斯·布鲁克在丑闻中扮演的角色而责难他们。

在威士忌酿造案中，格兰特的私人秘书奥维尔·伊莱亚斯被指控为税收欺诈的共犯。这个丑闻于1875年5月被第一期的圣路易斯民主党人的报纸曝光。奥维尔和238名美国财政官员被指控与酿造蒸馏酒的商人合谋，从联邦政府窃取了几百万美元的酒业税收。格兰特亲自干预后，奥维尔被宣布无罪。

格兰特的名言：

"经验证明：一个人去阻碍国家遭受的战争时，无论是对是错，他在生命或历史中都不会占据令人羡慕的位置。对于他个人来说，鼓吹战争、瘟疫及饥荒都会比阻碍一场已经开始的战争要好。"

"事实是，我与其说是个士兵，倒不如说是个农民……我加入陆军时心中满是悔恨，而我解甲归田时却是充满着欢喜。"

"兵法很简单。找到敌人在什么地方，尽可能快地接近他，尽可能狠地攻击他，然后继续前进。"

"在我的一生中，我从来没有意识到要用什么亵渎的咒语……"

关于格兰特的评论：

"他是大智慧和大平庸的结合。"

——伍德罗·威尔逊

"我不能解除这个人，他在为国家战斗。"

——亚伯拉罕·林肯

"格兰特拥有少有人拥有的天赋，他不需要谦逊就能接近普通人。"

——威廉·S.麦克菲利

拉瑟福德·伯查德·海斯

Rutherford Birchard Hayes

第十九任总统（1877～1881年任职）

> "能最好地为他的党派服务的人，也是能最好地为他的国家服务的人。"

1876年春天上任总统的时候，拉瑟福德·伯查德·海斯的心头布满了阴云。在1876年的总统大选中，他的普选票比纽约州长、打击腐败的民主党人塞缪尔·蒂尔登的票要少。然而，在他的几个代表和南部地区的民主党人秘密会晤，并且承诺海斯会从南部地区撤出联邦军队以换取他们的支持后，国会同意选择海斯为总统。这次被称为"1877年妥协"的秘密交易给这位新总统带来了"骗子海斯""骗子总统"的别名。

就职总统后，海斯证明自己是完全诚实的。他发誓不再寻求连任，因此他所做的完全是对国家有益的，而不只是对自己政治生涯有利的事。例如，他曾经与自己所在的党内最有权的领导人发生冲突，因为他明令禁止政府官员拉选票搞竞选活动，接着在切斯特·阿瑟违背这个命令后将他开除。他否决了一个禁止华工入境的"排华法案"，因为他认为这是种族主义的歧视。他坚决反对浪费资金的工程，支持稳固的货币政策。他批评社会上由公司控股的情况越来越多，此外，他是第一个说出要支持环境保护的总统。并且，在他的妻子露西的强烈拥护下，拉瑟福德·伯查德·海斯通过在白宫内禁止酒精来支持禁酒运动。海斯继承的总统职位，其权力在格兰特时期便已大大地削弱了。

海斯决心将政府从国会的统治中解脱出来，在四年任期中，他努力尝试恢复总统职位的威信和尊严。他脚踏实地致力于并完成了自己的两个主要目标——促进民族团结及改善公众服务。在他的执政期内展示了一段可共存的和谐与政治上诚实的时期。

海斯的独立和诚实使得他深受大众的欢迎。但是他还是无法从国会手中重新获取国家的议程，特别是当民主党在中期选举①中控制参议院和众议院后。任期结束的时候，他和妻子高兴地退休，回到他们在俄亥俄州的家里。从此，他远离政治，全身心地投入到公共教育、促进非裔美国人的权利，以及监狱改革等众多的社会事业中。

生平纪实

出生： 1822年10月4日在俄亥俄州特拉华出生。

血统： 英格兰。

父亲： 拉瑟福德·海斯，1787年1月4日在佛蒙特州布莱特尔博罗出生，1822年7月20日在俄亥俄州特拉华市逝世。

父亲的职业： 店主。

母亲： 索菲亚·伯查德·海斯，1792年4月15日出生于佛蒙特州威尔明顿，1866年10月30日在俄亥俄州夸利科西逝世。

妻子： 露西·韦尔·韦布，1831年8月28日在俄亥俄州夸利科西出生，1889年6月25日在俄亥俄州弗莱蒙特逝世。

婚姻： 1852年12月30日在俄亥俄州辛辛那提结婚。

① 中期选举：国会选举每两年举行一次。其中一次国会选举与总统选举同时举行，另一次在两届总统选举之间举行，这一次国会选举叫作中期选举。中期选举的实质是民主党和共和党争夺对国会的控制权。

子女：伯查德·奥斯汀（1853～1926），詹姆斯·韦布（856～1934），拉瑟福德·普拉特（1858～1927），约瑟夫·汤普森（1861～1863），乔治·克汝克（1864～1866），范妮（1867～1950），斯克特·拉塞尔（1871～1923），曼宁·福斯（1873～1874）。

家庭住址：俄亥俄州弗莱蒙特市。

教育：位于俄亥俄州的诺沃克学院、康涅狄格州米德尔顿的艾萨克·韦布学校、俄亥俄州甘比尔的凯尼恩学院、哈佛法学院。

宗教信仰：卫理公会派。

任职总统前的职务：律师。

兵役经历：南北战争中名誉少将。

任职总统前的政务职位：美国众议院议员、俄亥俄州州长。

政党：共和党。

就职年龄：54岁（1877年3月5日）。

离任总统后的工作：慈善家、国家监狱联盟会长。

逝世：1893年1月17日在俄亥俄州弗莱蒙特市逝世。

墓址：俄亥俄州弗莱蒙特市斯皮格尔庄园。

别名：黑马总统、骗子总统、老八对七。

著作：《书信及作品集》。

第一夫人：露西·韦尔·韦布·海斯
（Lucy Ware Webb Hayes）

露西·韦尔·韦布是第一位取得大学学位的美国第一夫人，她始终在公众生活中扮演着积极的角色。

在丈夫担任联邦将军期间，海斯夫人就深入内战营地去照顾受伤和垂死的士兵。海斯成为俄亥俄州州长后，她经常随同丈夫一起访问监狱、收容所及州立教养院。

海斯夫人进入白宫时充满信心，她充分表达了自己对宗教、道德及妇女权利的主张。尽管她在白宫内禁酒，并且被称为"柠檬汁露西"，她仍然是一位非常受欢迎的白宫女主人。

海斯的名言：

"主要的财富和权力落入少数人的手中……他们代表我们的控制核心……这个政府不再是由人民组成、由人民掌权、为人民服务。它是一个由公司组成、公司掌权、为公司服务的政府。"

关于海斯的评论：

"他是一个谦逊的人，同时也很能干。"

——约翰·谢尔曼[①]

"他是第三流的不足轻重的人，他唯一的特长是不厌恶任何人。"

——亨利·亚当斯[②]

[①] 约翰·谢尔曼：美国政治家，1855～1861年担任美国众议员，以财政专家著称，1863年帮助建立全国银行制度，支持立法使美国恢复金本位制。1877～1881任财政部部长。后来曾一度担任国务卿（1897～1898）。

[②] 亨利·亚当斯：美国历史学家、作家。他对当时的美国政治极度不满，其自传《亨利·亚当斯的教育》是最为人所熟知的作品。

詹姆斯·艾伯拉姆·加菲尔德

James Abram Garfield

第二十任总统（1881年3月~9月任职）

"在维护不受欢迎的真理和反对受欢迎的谬论的过程中，
我喜欢宣传鼓动、调查研究，以及其中的荣耀和自豪。"

詹姆斯·艾布拉姆·加菲尔德出生于一个小木屋，他虽然出身卑微，但是后来却成为最有学问的美国总统。加菲尔德曾经是海拉姆学院的教授，他能在客人面前表演一只手写希腊文、另外一只手写拉丁文的绝技。

在内战期间，加菲尔德英勇抗敌，在战场上便已经入选众议院。他接着又成为议会发言人，以及在1880年大选的时候，成为共和党的"黑马"总统候选人。共和党内的分裂使得他的当选成为可能：其中一个派别"顽固派"效忠于纽约州参议员罗斯科·康克林[①]；而另外一个被称作"混合派"，他们则支持缅因州的参议院詹姆斯·布莱恩。这两个集团在瓜分政府权力的人事安排上存在很

---

① 罗斯科·康克林：美国政治人物，著名律师、演说家和辉格党领袖。1881年因与新总统加菲尔德就官职的分配问题发生争执，辞去参议员职务。

大的分歧。"顽固派"维护政党分肥制，意图操控纽约的所有联邦职位；"混合派"则主张改革。在全国共和党大会上，"顽固派"支持前总统尤里塞斯·格兰特第三次竞选总统。加菲尔德承诺给"顽固派"以某些行政事务职位后，当选为折衷的总统候选人。为了党内团结，顽固派的切斯特·艾伦·阿瑟当选副总统。

7月份，当加菲尔德和布莱恩一起穿过一座华盛顿火车站的时候，他被一位疯狂的"顽固派"求职者用手枪击中。中弹后，加菲尔德活了两个半月，在病床上忍受着巨大的痛苦，还处理着总统的事务。当时，由于X光还没有发明出来，医生们始终不能确定子弹的位置，更没有办法将它取出来。医生们反复用赤裸的手指和没有经过消毒的器械搜寻他体内的子弹，但是每每都是无果而终。最后导致总统死亡的直接原因是血液中毒。后来的尸体解剖发现，那颗子弹在离脊椎4英寸处的一个保护性包囊内。如果医生不用那种原始的方法去寻找那颗子弹的话，他也许还能活下来。

加菲尔德的离世使得他成为文官制度改革的殉道者标志。在加菲尔德过早地去世后，切斯特·艾伦·阿瑟继任总统。亚瑟于1883年签署了第一个被通过的文官制度改革法——《彭德尔顿法》。

生平纪实

出生：1831年11月19日在俄亥俄州凯霍加县奥兰治出生。

血统：英国、法国。

父亲：艾伯拉姆·加菲尔德，1799年出生于纽约州伍斯特，1883年在俄亥俄州橙市逝世。

父亲的职业：农民。

母亲：伊利莎·鲍尔·加菲尔德，1801年出生于新罕布尔州里士满，1888年在俄亥俄州门托市逝世。

妻子：卢克里亚·鲁道夫，1832年4月19日在俄亥俄州海拉姆出生，1918年3月14日在加利福尼亚州帕萨迪纳逝世。

婚姻： 1858年11月11日在俄亥俄州海拉姆结婚。

子女： 伊莱扎阿拉贝加（1860～1863），哈尔·鲁道夫（1863～1942），玛丽（1867～1947），欧文·麦克道尔（1870～1951），艾布拉姆（1872～1958），爱德华（1874～1876）

家庭住址： 俄亥俄州门托市草坪谷。

教育： 上过吉奥加神学院和西部综合进修学校，1856年从威廉学院毕业。

宗教信仰： 基督教。

任职总统前的职务： 学校教师、大学教授、传教士、运河工人、士兵、海拉姆学院校长。

兵役经历： 俄亥俄州第42步兵志愿团中校、志愿兵团准将、志愿兵团少将。

任职总统前的政务职位： 俄亥俄州参议院议员、美国众议院议员、众议院拨款委员会主席、美国众议院少数派领袖。

政党： 共和党。

就职年龄： 49岁（1881年3月4日）。

逝世： 1881年9月19日在新泽西州的埃尔伯伦逝世。

墓址： 俄亥俄州克利夫兰市湖景公墓。

别名： 无。

著作：《日记》。

第一夫人：卢克里亚·"克雷特"·鲁道夫·加菲尔德
（Lucretia "Crete" Rudolph Garfield）

卢克里亚·"克雷特"·鲁道夫沉默、得体而且机智。经过5年的恋爱，她于1858年和童年时代的朋友詹姆斯·加菲尔德结婚。

内战期间，这对夫妻常年相隔两地。随着时间的推移，加菲尔德夫人成为丈夫形影不离的伴侣，她甚至还和他一起参加不同的文学社交圈子内的各种会议。

在白宫，加菲尔德夫人更喜欢非正式的场合，她的好客为她赢得了赞誉。1881年加菲尔德遭遇谋杀之后，她得到了整个国家的同情。尽管她本人也身患疟疾并且身体几近衰竭，但是在加菲尔德最后三个月的生命抗争过程中，她仍然悉心照顾自己的丈夫。

一个发疯的求职者查尔斯·吉托枪击加菲尔德，在一旁的国务卿詹姆斯·布莱恩目睹了这悲惨的一幕。

加菲尔德的名言：

"一个勇敢的人敢于直视魔鬼并且告诉他：你就是一个魔鬼。"

关于加菲尔德的评论：

"我完全厌恶加菲尔德的方针，加菲尔德向我们展示了他具有蚯蚓的毅力。"

——尤里西斯·格兰特，1881年

切斯特·艾伦·阿瑟

Chester Alan Arthur

第二十一任总统（1881~1885年任职）

"我可以是美国总统，但是我的私人生活别人无权过问。"

　　在成为美国总统的两年以前，切斯特·艾伦·阿瑟不过是纽约势力强大的参议员罗斯科·康克林政治机器上的一颗无人知晓的螺丝钉。时任纽约海关税务官的他掌控着上千个职位的任免大权和大量联邦货币的收支。当时，海关内贪污受贿现象层出不穷，而他视而不见，置若罔闻。阿瑟本身在这个职位上也是受益匪浅，据说他利用自己的影响为他的支持者谋求政治职位，因此私下获得了4万多美元的收入。因为他没有遵守禁止联邦公务人员参与政党党务和竞选活动的禁令，海斯总统在1878年罢免了他的职位。

　　2年后，作为共和党副总统的候选人，切斯特·艾伦·阿瑟再次受到关注。共和党的总统候选人是詹姆斯·亚伯拉罕·加菲尔德。在康克林和其支持者未能使得尤里塞斯·格兰特获得第三次总统提名后，共和党选择阿瑟为加菲尔德的竞选伙伴作为安抚。然而，很少有人会相信阿瑟有可能会升至总统之位。求官不成的查尔斯·吉托在枪击加菲尔德后喊道："我是'顽固派'的人，现在阿瑟是美国总统了。"这句话让阿瑟的支持者都大吃一惊。他的一名纽约拥护者叫道："切斯特·阿瑟？美国的总统？天啦！"

作为总统，阿瑟甚至更让他的政治支持者们大吃一惊——主要是他竟然忽视他们。阿瑟是一个共和党人，但是他亲自过问了邮政部门的"星形邮线丑闻"，对参与此案的邮政和政府部门的公务人员一律给予了解除职务的处罚，并且他还反对受欢迎的政党分肥制，如1882年的《河道港口拨款案》。他最重要的行动也许是签署《彭德尔顿公共服务改革法案》，这项法案建立起一项制度，使得政府职位依照能力分配而不是根据党派分配。阿瑟同时还是一个环境保护主义者，他对西部地区的自然资源很感兴趣，并且很关心森林受到过度毁坏的问题。

阿瑟的执政时间很短，在这段时间里，他的诚实也是让人吃惊。1884年，共和党人选择康克林的主要对手詹姆斯·G.布赖恩①为总统候选人。和康克林一样，布赖恩也被指控腐败。然而，作为共和党创党人的他在党内依然还是深受拥护。

在总统任期内，切斯特·阿瑟患上了布赖特肾炎②，这是一种发生在肾部的致命疾病。但是他一直将自己的健康状况保密。1886年，阿瑟去世，年仅56岁。

生平纪实

出生：1829年10月5日在佛蒙特州北费尔菲尔德出生。

血统：苏格兰、爱尔兰及英格兰。

父亲：威廉·阿瑟，1796年在爱尔兰安特里姆县出生，1875年10月27日在纽约州牛顿维尔逝世。

---

① 詹姆斯·G.布赖恩：美国政治家和外交家。1884年获得党内提名为总统候选人，但是以些微票数败给民主党候选人克利夫兰。1889～1892布赖恩再次出任国务卿，并担任第一次泛美会议主席。

② 布赖特肾炎：肾炎的一种，但是没有形成脓或水肿。此病愈后可能复发。

父亲的职业：牧师。

母亲：马尔维娜·斯通·阿瑟，1802年4月24日在佛蒙特州博克希尔出生，1869年1月16日在纽约州牛顿维尔逝世。

妻子：埃伦·刘易斯·赫恩登，1837年8月30日在弗吉尼亚州弗雷德里克斯堡出生，1880年1月12日在纽约州纽约市逝世。

婚姻：1857年10月25日在纽约州纽约市结婚。

子女：威廉·刘易斯·赫恩登（1860~1863），小切斯特·艾伦（1864~1937），埃伦（1871~1915）。

家庭住址：纽约州纽约市。

教育：上过公立学校和莱森姆学校，以优异的成绩从斯科内克塔迪联合学院毕业。

宗教信仰：圣教会。

任职总统前的职务：教师、学校校长、律师。

兵役经历：无。

任职总统前的政务职位：纽约州军需官、纽约海关税务官、美国副总统。

政党：共和党。

就职年龄：50岁（19年3月4日）。

离任总统后的工作：律师。

逝世：1886年11月18日在纽约州纽约市逝世。

墓址：纽约奥尔巴尼乡村公墓。

别名：绅士老板、优雅的阿瑟。

第一夫人：埃伦·刘易斯·赫恩登·阿瑟
（Ellen Lewis Herndon Arthur）

埃伦·刘易斯·赫恩登是独生女，出生在弗吉尼亚一个声名显赫的家庭。她的父亲威廉·刘易斯·赫恩登曾经协助过建立华盛顿特区的海军天文台。

年幼时，埃伦的演唱天分便崭露头角，后来她继续将自己的天分发展为一生的职业。然而，埃伦·阿瑟从未当过第一夫人。在阿瑟当选总统的头一年，她因为患肺炎突然去世，于是阿瑟亲自负责了白宫的装修以及第一座电梯的安装。后来阿瑟的妹妹玛丽·麦克尔罗伊成为白宫女主人，并且帮忙照顾他的女儿埃伦。

阿瑟的名言：

"人不免要死亡，但是，我们这个自由国家的制度是永世长存的，是绝对不会动摇的。"

"我从来没有想到能够获得副总统这般荣耀的职位。"

关于阿瑟的评论：

"我几乎无法想象他能做到更好。"

——亨利·华德·比切尔[1]

"在执政官的官邸里从来没有出现过这种情况——酒精、势利，还有更糟糕的。"

——拉瑟福德·B.海斯评论切斯特在任时的白宫

---

[1] 亨利·华德·比切尔：美国公理会牧师，著名的演说家，他也是当时最有影响力的传教士，极力反对蓄奴，支持妇女参政、达尔文的演化论以及用科学考证《圣经》。

斯蒂芬·格罗弗·克利夫兰

Stephen Grover Cleveland

第二十二、二十四任总统（1885~1889年、1893~1897年任职）

"我渴望把事情做好，关于这点我是诚实和真诚的；但问题是，要完成那些事情，我是否了解足够多的东西。"

1881年，格罗弗·克利夫兰当选为布法罗市的市长，同年他又当选为纽约州的州长。又过了两年，他成为美国的总统。克利夫兰在政坛的平步青云是因为他拥有一个诚实的民主党革新者的好名声。当时，纽约市民主党政治机器"坦曼尼协会"①与腐败的民主党有着密切的联系，而他则和他所在的党派有着清晰的对比。

他是一个勇敢而勤奋的人，因此，民主党视他为理想的总统候选人。作为总统，他置党派利益于不顾，支持诚实从政和高效率工作。在一个腐败猖獗和政治庇护横行的年代里，他为总统之位保持了一定程度的尊严。克利夫兰的改革行动在于阻止有害的立法而不是通过政府实行新的法律。他阻止了自己认为具有欺诈性的内战养老金方案，否决与联邦政府有限经费背道而驰的开销，谴责共和党的开销过

①　"坦曼尼协会"：纽约市民主党执行委员会。为了反对联邦党的"贵族"统治而在1789年成立。1805坦曼尼协会成为慈善机构，以当时慈善的印第安酋长坦曼尼德的名字命名。

大，并且支持将金本位制①作为美国货币的唯一基础。克利夫兰同时倾向于降低赋税，尽管共和党对此强烈反对。然而关税问题让他在1888年的改选中失利。

到了1892年，很多美国人对民主党和共和党都不满意，认为他们剥夺了公共利益。新的人民党开始参与竞选，提出早8点到下午4点的工作制，铁路公有以及自由铸造银币的口号。尽管后来克利夫兰第二次当选总统，但是他关于金本位制的保守主义使得他和新兴的人民党以及由詹宁斯·布莱恩②率领的民主党均产生了分歧。

克利夫兰与生俱来的保守使得他不同情劳动人民的事业。他曾经否决了一项向洪灾中的农民提供1万美元援助的提案，并且对1894年的普尔曼工厂工人罢工③事件做出轻率的回应，因为这些事情使得他在任期结束的时候非常不受民众的欢迎。尽管如此，他仍然是从亚伯拉罕·林肯到西奥多·罗斯福期间最有影响力的总统。在国会中真正的权力被掌握在支持商业派别者手中的年代里，克利夫兰从来不惧动用总统的否决权。在他任职期间，他投出的反对票比之前所有总统的总数多一倍多。因此，他给人们树立了一位20世纪早期激进总统的榜样。

生平纪实

出生：1837年3月18日在新泽西州科德沃出生。

血统：爱尔兰、英格兰。

父亲：理查德·法利·克利夫兰，1804年6月19日在康涅狄格州诺威奇出生，1853年10月1日在纽约州霍兰佩滕特逝世。

---

① 金本位制：通货本位为一固定的黄金量或保持为一固定的黄金量价值的货币制度，通货可按本位的含金量在国内或国外自由兑换成黄金。1821年英国首先实行金本位制；到1870年代，德国、法国和美国也相继采用金本位制。

② 詹宁斯·布莱恩：美国民主党和演说家，被称为"伟大的平民"。1912年帮助威尔逊赢得总统候选人的提名，威尔逊当选后任命他为国务卿。

③ 普尔曼工厂工人罢工：1894年5月11日到7月20日发生的一次大规模铁路罢工事件。在发生金融恐慌时，普尔曼豪华汽车公司削减工人25%薪资后，当地工会会员发起罢工。27个州跟着举行同情式罢工。

父亲的职业：部长。

母亲：安·尼尔·克利夫兰，1806年2月4日在马里兰州巴尔的摩市出生，1882年7月19日在纽约州霍兰佩滕特逝世。

妻子：弗朗西斯·弗尔索姆，1864年7月21日在纽约州布法罗市出生，1947年10月29日在新泽西州普林斯顿逝世。

婚姻：1886年6月2日在华盛顿特区结婚。

子女：鲁斯·克利夫兰（1891～1904），伊斯帖·克利夫兰（1893～1980），马里恩·克利夫兰（1895～1977），理查德·弗尔索姆·克利夫兰（1897～1974），弗朗西斯·葛鲁夫·克利夫兰（1903～1995）。

家庭住址：新泽西州普林斯顿。

教育：公立学校。

宗教信仰：长老教会。

任职总统前的职务：职员、教师、律师。

兵役经历：无。

任职总统前的政务职位：依利县助理检察官、布法罗市市长。

政党：民主党。

就职年龄：47岁（1885年3月4日）。

离任总统后的工作：普林斯顿大学理事。

逝世：1908年6月24日在新泽西州普林斯顿逝世。

墓址：新泽西州普雷斯顿。

别名：大史蒂夫、姜伯叔叔。

著作：《统治问题》。

第一夫人：弗朗西斯·弗尔索姆·克利夫兰
（Frances Folsom Cleveland）

格罗弗·克利夫兰是弗朗西斯·弗尔索姆家族的朋友、法律事务所的合伙人，弗朗西斯的父亲死于车祸后，格罗弗·克利夫兰又成为他的遗产管理人。克利夫兰很早就认识了弗尔索姆，并且像叔伯一样关心着她，而这位由他看着长大的姑娘则亲切地称他为"弗兰克"。

尽管他们有27岁的年龄差距，但是爱情的种子还是在他们身上发芽了，他们成为美国历史上第一对在白宫结婚的夫妇。作为官方女主人，克利夫兰夫人取代她的嫂子罗斯·伊丽莎白·克利夫兰，成为美国最受欢迎的第一夫人之一。

在丈夫动荡的第二个任期内，克利夫兰夫人保持了自己在公众眼中的地位。然而，克利夫兰总统却越来越厌烦公众对第一夫人的狂热。他试图阻止商人使用他夫人的肖像贩卖商品，但是他的努力没有取得成功。

在丈夫克利夫兰去世5年之后，她和普林斯顿大学的考古学教授小汤姆逊·普雷斯顿结婚。

在芝加哥干草市场广场举行的一次暴力罢工中，暴动者向一群警察投掷炸弹。

克利夫兰的名言：

"如果美国人民赞成没有国际道德这一可憎学说的话，我就误解了他们；强大的国家有一种法律，弱小的国家则有另一种法则。"

关于克利夫兰的评论：

"勇气！他是个多么有勇气的人，勇气使得他冲锋在前，站在风之顶浪之尖。"

——塞缪尔·蒂尔登

这副标题为《失败的深渊等着他跨出那犹豫不定的一步》的漫画，描绘出了在克利夫兰着手于1888年的大选时，中国劳工问题依然是一个容易引起争议的议题。1882年通过的《排华法案》禁止华人入境已经长达10年之久，而且当时中国移民不断扩大给美国所带来的挑战也是巨大的。

本杰明·哈里森

Benjamin Harrison

第二十三任总统（1889～1893年任职）

> "当我开始执政的时候，我发现权力全部都被党派的领导人所掌控。我不能组建自己的内阁。他们卖出了每一个内阁职位以筹得竞选的经费。"

作为一位退役士兵和终身忠于北方的共和党人，本杰明担任总统唯一明显的资格应该归功于他身为威廉·亨利·哈里森的孙子的身份。因为威廉·亨利·哈里森曾经同样也是一个普通的士兵，并且在去世前当了一个月的总统。

尽管小哈里森曾于1881年被印第安纳州立法机构选入美国参议院，但是他在任期间并没有做出任何杰出的成绩。他主要支持联邦为内战老兵发放津贴，除此以外便是遵照共和党领袖的意思行事。身为长老会的前教长，哈里森设法置身于丑闻之外——对于一个镀金时代的政治家来说，这已经很难能可贵。哈里森几乎完全是在印第安纳波利斯开始前沿竞选[①]

[①] 前沿竞选：候选人通过演讲的方式，而不是穿梭于全国各州会见选民的方式进行选举。

活动的，而一些政党领导人从那些大公司争取到赞助费，将数以百万计的美钞安排在赶赴那些决定选情的关键摇摆州的行程上。因为总统格罗弗·克利夫兰将较低的关税提高了，美国企业界都憎恨他，因此只乐意支持哈里森。

哈里森倾向于上任后便开始施行自己的权力，但他很快便大失所望。克利夫兰离任时留下了大笔的财政盈余，众议院却很快将这笔钱花得一干二净。克利夫兰曾经反对向老兵提供津贴，因为他担心虚假材料的风险会过大。国会向哈里森提交了这些议案，而他很乐意地将这些议案写进了法律。于是，内战津贴很快成为联邦预算中花钱最多的一块。

1890年，美国国会通过签署大幅度提高进口关税的《麦金莱关税法案》，付清了其在商业界的欠款。但是进口关税激怒了美国人民，因为它导致了商品物价的上涨。美国公众很快对此做出反应，在1890年的中期选举中，美国人民让民主党人控制了国会两院。在关税上滞留不去的愤怒帮助格罗弗·克利夫兰在1892年赢回了总统的宝座。于是，哈里森回到印第安纳波利斯，继续从事法律事业。1897年，他帮助委内瑞拉解决了与英国的边界纷争。3年后，他在家中逝世，埋葬在印第安纳波利斯。

生平纪实

出生：1833年8月20日在俄亥俄州北本德出生。

血统：英格兰、苏格兰。

父亲：约翰·司科特·哈里森，1804年10月4日在印第安纳州文森特出生，1878年5月25日在俄亥俄州北本德逝世。

父亲的职业：农民，美国国会议员。

母亲：伊丽莎白·欧文·哈里森，1810年7月18日在宾夕法尼亚州莫塞斯堡出生，1850年8月15日逝世。

第一任妻子：卡罗琳·斯科特，1832年10月1日在俄亥俄州牛津村出生，1892年10月25日在华盛顿特区逝世。

第一次婚姻：1853年10月20日在俄亥俄州牛津村结婚。

第二任妻子：玛丽·斯科特·洛德·迪米克，1858年4月30日宾夕法尼亚州洪斯代尔出生，1948年1月5日在纽约州纽约市逝世。

子女：拉塞尔·本杰明（1854～1936），玛丽·斯科特（1858～1930），伊丽莎白（1898～1955）。

家庭住址：印第安纳州印第安纳波利斯。

教育：私人辅导，农民学院，1852年在迈阿密大学获得文学学士学位。

宗教信仰：长老教会。

任职总统前的职务：律师、公证人、士兵。

兵役经历：印第安纳州第七十志愿兵团团长、名誉准将。

任职总统前的政务职位：印第安纳州赔偿法院仲裁员、印第安纳州共和党中央委员会秘书、印第安纳州最高法院书记员、美国参议院议员。

政党：共和党。

就职年龄：55岁（1889年3月4日）。

离任总统后的工作：律师。

逝世：1901年3月13日在印第安纳州印第安纳波利斯逝世。

墓址：印第安纳州印第安纳波利斯克朗山公墓。

别名：羔皮手套哈里森、小本。

著作：《我们的国家》《前任总统的观点》。

第一夫人：卡罗琳·斯科特·哈里森
（Caroline Scott Harrison）

作为第一夫人，卡罗琳·斯科特·哈里森利用自己的影响力和对历史的热爱来促进她所信仰的事业，比如妇女教育。她建立了美国内战军人女儿国家协会，并担任总会长。她同时担任了白宫中国古籍馆的馆长。

　　除了是一位热衷社交的第一夫人，卡罗琳·斯科特·哈里森还通过筹款提升妇女高等教育，并且还为当地慈善组织工作。1892年10月，哈里森夫人因为患肺结核在白宫去世。她的女儿玛丽接任她，直到哈里森任期结束。

哈里森的名言：

　　"除此以外，没有任何一个国家值得人民如此去热爱和尊重，没有任何土地如此宽广，如此多姿多彩，如此……"

关于哈里森的评论：

　　"他是一个无情无义、心胸狭窄、偏见、固执并且腼腆地唱着圣歌的印第安纳波利斯老政治家。"

——西奥多·罗斯福

威廉·麦金莱

William McKinley

第二十五任总统（1897~1901年任职）

> "有时候不喜欢自由政府的人会讥讽般地说我们在数人头。的确，我们在数人头，但是也在数头脑……"

1890年，美国人口普查局宣布西部扩张时期已经结束——美国的国境已经关闭。10年后，美国的国旗在半个地球飘扬，从波多黎各到夏威夷，乃至菲律宾，这些扩张是在第二十五任总统威廉·麦金莱的促进下发生的。

麦金莱作为俄亥俄的另外一名总统拉瑟福德·海斯的追随者，开始了他的政治生涯。内战中，麦金莱曾在海斯手下服役，而海斯则帮助他奠定了事业的根基。1876年，当海斯赢得颇受争议的选举时，麦金莱入选众议院。

麦金莱在国会中的主要兴趣是高关税，因为他相信这能够帮助农民应对国外低价商品的入侵。1890年，他发起了大幅度增加关税的《麦金莱关税案》。

关税政策让美国企业界从中受到了益处，他们利用高税率使得物价人为地涨高。当1893年大危机来袭时，很多人指责麦金莱及其高关税政策。尽管如此，他还是引起了俄亥俄州一名富有的

事业家马库斯·汉纳①的注意。在汉纳的支持下，麦金莱赢得了2届俄亥俄州州长选举，并且在1896年成为共和党的总统候选人。麦金莱打败自由银币派民主党候选人威廉·詹宁斯·布莱恩成为美国总统。当1898年美国战舰"缅因号"②在哈瓦那港被炸沉时，一切都发生了改变。媒体的狂怒让麦金莱迫于形势，极不情愿地向统治古巴殖民地的西班牙宣战。几个月内，美国军队便摧毁了西班牙海军——他们两股军队都驻守在加勒比海和菲律宾。战后，美国一点也不像要关闭国境的样子，它迅速扩张其海外势力，从而标志新纪元的开始。

美西战争过后，麦金莱在高关税问题上改变了方向。他开始相信：要让海外市场也向美国商品开放，就必须打破国内的商品壁垒。麦金莱越来越远离共和党的关税保护政策，而提出慢慢地稳步实行他的"关税互惠"政策。他在世纪之交的再次当选让他下定决心推行其关税互惠条约。除此以外，麦金莱总统还具有与其他国家进行贸易协议谈判的能力，这帮助他结束了保护主义与国会控制的镀金时代。

尽管如此，本质上是保守主义者的麦金莱不愿意完全使用自己的行政权力。然而，在麦金莱1901年被刺后继任的西奥多·罗斯福却没有这种迟疑。

生平纪实

出生：1843年1月29日在俄亥俄州奈尔斯出生。

血统：苏格兰、爱尔兰和英格兰。

父亲：威廉·麦金莱，1807年11月15日在宾夕法尼亚州松树镇出生，1892年11月24日在俄亥俄州坎顿③逝世。

父亲的职业：生铁铸造商。

---

① 马库斯·汉纳：美国著名实业家，操纵竞选活动的实力人物。原是克利夫兰商人，后投资银行、运输和出版业。他从1880年开始在实业家中活动，为共和党寻求财政支持。

② "缅因号"事件：1898年2月15日，停泊在古巴哈瓦那港口的美国战舰"缅因号"被神秘地炸沉，共有260名水手遇难。

③ 坎顿：位于俄亥俄州东北部，是威廉·麦金莱总统的故乡。

母亲：南希·艾利森·麦金莱，1809年4月22日在俄亥俄州新里斯本县出生，1897年12月12日在俄亥俄州坎顿逝世。

妻子：艾达·萨克斯顿，1847年6月8日在俄亥俄州坎顿出生，1907年5月26日在俄亥俄州坎顿逝世。

婚姻：1871年1月25日在俄亥俄州坎顿结婚。

子女：凯瑟琳（1871～1875），艾达（1873～1873）。

家庭住址：俄亥俄州坎顿的市场大道。

教育：波兰学院、阿勒格尼学院、阿尔巴尼法学院。

宗教信仰：卫理公会。

任职总统前的职务：教师、士兵、律师。

兵役经历：俄亥俄州第二十三志愿军、美国陆军少校。

任职总统前的政务职位：美国众议院议员、俄亥俄州州长。

政党：共和党。

就职年龄：54岁（1897年3月4日）。

逝世：1901年9月14日在纽约州布法罗市逝世。

墓址：俄亥俄州坎顿。

别名：俄亥俄州的傻子。

著作：《亨利·克莱时代及以后的关税》。

第一夫人：艾达·萨克斯顿·麦金莱
（Ida Saxton McKinley）

年轻时的艾达·萨克斯顿过着轻松而舒适的生活。受过良好教育的艾达甚至在她父亲的银行当过出纳员。麦金莱夫人在生2个女儿的时候都曾经难产，她也因此患上了癫痫病，不幸的是2个孩子均死于襁褓中。在麦金莱入住白宫的时候，她已经是个众所周知的病人。麦金莱一家尽可能地保持传统礼节，麦金

BILL OF FARE

CUBA STEAK

PORTO RICO PIG

PHILIPPINE FLOATING ISLANDS

SANDWICH ISLANDS

漫画中，麦金莱向山姆大叔出示一份扩张主义菜单，此菜单上有"古巴牛排""波多黎各猪肉""菲律宾蛋糕"和"三明治岛"（现在的夏威夷）。

莱夫人在正式接待客人时总是坐在一个蓝色天鹅绒的椅子上。如果她在公共场合犯癫痫，她身边的丈夫总是用一块手帕遮住她的嘴，直到发作结束。在她的丈夫遇刺身亡后，麦金莱夫人由她妹妹照顾。

麦金莱的名言：

"我是一个站在关税平台上的关税人。"

"我们的差别在于政见。我们的协议就是原则。"

关于麦金莱的评论：

"麦金莱亲切、温和而慈爱的方式使得任何角落的人都感觉他是他们的朋友，但是对于他们想要达到的真实结果，他们还心存疑虑。"

——白宫传达员艾克·胡佛

20世纪早期的
美国总统

西奥多·罗斯福

Theodore Roosevelt

第二十六任总统（1901~1909年任职）

"没有人能像我一样享受当总统的乐趣。"

小时候的西奥多·罗斯福体弱多病，经常是别人捉弄的对象。等到他成为总统后，他已经把自己转变成了一个精力充沛而果断的人。曾经当过拳击手、大牧场主、警察局长的他是"紧张生活"的活生生的例子。《紧张生活》是他1900年当选副总统后出版的一本书。

罗斯福不愿意做任何人的副手，但是他的名气让他获得了很多选票。纽约政界的一把手汤姆认为，值得冒险将罗斯福推到副总统之位。

威廉·麦金莱的竞选委员会主席马库斯·汉纳却没被说服。因为他的共和党"羽翼"都忠实于大企业财团的利益，他并不信任富有改革思想的罗斯福。他争论说："难道你们没有意识到吗？那个疯子和白宫之间只隔着一条人命。"1901年9月14日，汉纳的噩梦成为现实。在被刺客枪击一周后，麦金莱身亡。罗斯福继任总统。

在以后的7年间，罗斯福重新塑造了总统制度。他相信应当利用自己全部的权力保证所有人的公正，而无论其财富多少或社会关系复杂与否。他动用很少被使用的《谢尔曼反托拉斯法》来打击他认为妨碍国家利益的垄断者。他影响最深远的一个成就是，他发动了范围很广泛的保护措施来使得各州和联邦政府一起行动保护国家的自然资源。

罗斯福还是一个帝国主义者，他把扩张看作是美国的治理和种族优越性的象征。他同意美国支持巴拿马对哥伦比亚的反抗，并且使得巴拿马将其运河交给美国。

虽然罗斯福在1904年依靠自己当选了总统，但是他1908年拒绝再次竞选，转而支持朋友。然而，当他发现其朋友威廉·霍华德·塔夫脱就任总统后并没继续推行他的政策时，他依靠进步党的提名参加了1912年的总统竞选。尽管他输给了伍德罗·威尔逊，但是直到去世他都一直积极参与政治活动。

生平纪实

出生：1858年10月27日在纽约州纽约市出生。

血统：荷兰、苏格兰、英格兰及法国胡格诺派。

父亲：西奥多·罗斯福，1831年9月22日在纽约州纽约市出生，1878年2月9日在纽约州纽约市逝世。

父亲的职业：商人、银行家。

母亲：玛莎·布洛克·罗斯福，1834年7月8日在佐治亚州罗斯威尔出生，1884年2月14日在纽约州的纽约市逝世。

第一任妻子：艾利斯·哈撒韦·李，1861年7月29日在马萨诸塞州切斯纳特希尔出生，1884年2月14日在纽约州纽约市逝世。

第一次婚姻：1880年10月27日在马萨诸塞州布鲁克赖恩结婚。

第二任妻子：伊迪丝·克米特·卡罗，1861年8月6日在康涅狄格出生，1948年9月30日在纽约州奥伊斯特贝逝世。

第二次婚姻：1886年12月2日在英国伦敦结婚。

子女：同第一位妻子生有艾利斯·李·罗斯福（1884～1980）；同第二位妻子生有小西奥多·罗斯福（1887～1944），克米特·罗斯福（1889～1943），埃塞尔·卡罗·罗斯福（1891～1977），阿奇博尔德·布洛克·罗斯福（1894～1979），昆廷·罗斯福（1897～1918）。

家庭住址：纽约市第二十街奥伊斯特贝酋长山庄。

教育：私人辅导，1880年在哈佛获得文学学士学位，曾在哥伦比亚法学院就读。

宗教信仰：荷兰归正宗，美国圣公会。

任职总统前的职务：作家、历

BE SURE AND ASK FOR THE SUPPLEMENT.

THE VERDICT

ALFRED HENRY LEWIS, Editor.

PRICE, TEN CENTS. 20 PAGES.

VOL. I. NEW YORK, (一) MARCH 13, 1899. NO. 14.

ROOSEVELT'S IDEA OF REORGANIZATION.

在1899年的这本杂志封面上，一心改革的纽约州州长罗斯福在研磨一罐子机器政治家。因为他拒绝向他们的愿望叩头，当他被委任副总统时，纽约的共和党员们感到毛骨悚然。他当选总统时也同样让他们感到恐惧。

1904年，罗斯福乘坐马车前往就职仪式。

史学家、政治家。

兵役经历：中将、陆军上校、美国志愿兵第一骑兵团上校（也被称作"疯狂骑士"）。

任职总统前的政务职位：纽约州议员、美国文职委员、纽约警察委员会主席、海军部长助理、纽约州州长、美国副总统。

政党：共和党，进步党（1912年）

就职年龄：42岁（19年3月4日）。

离任总统后的工作：作家、政治家。

逝世：1919年1月6日在纽约奥伊斯特贝逝世。

墓址：纽约奥伊斯特贝酋长山庄。

别名：TR、反托拉斯者、特迪。

著作：《1812年海战》《赢得西部》《紧张生活》。

第一夫人：伊迪丝·克米特·卡罗·罗斯福
（Edith Kermit Carow Roosevelt）

罗斯福很早便认识伊迪丝·克米特·卡罗——一个在纽约市联合广场长大的邻居和朋友。他们1886年结婚的时候，罗斯福是个鳏夫。他的第一任妻子艾利斯·哈撒韦·李生了第一个孩子后便不幸去世。罗斯福和第二任妻子伊迪丝一共生了5个孩子。

这对夫妇在1901年入主白宫后，罗斯福夫人因为担心记者侵犯家庭隐私而忧心忡忡。罗斯福夫人冷静、威严，同时又与丈夫和子女一样精力充沛。在她的监督下，西翼成为加入白宫的完全翻新计划的一部分。因为自信和为人所钦佩的她为白宫增加了一个前任第一夫人的画廊。罗斯福于1919年去世后，她继续在一个为穷人提供义

1907年，罗斯福护送美国海军的"大白舰"进行全球友好巡航，以展示美国的实力。

务服务的慈善组织——缝纫协会工作。她还帮助子女出版了关于她的祖先和她自己出游的书籍。

罗斯福的名言：

"一个从未上过学的人也许会偷一节运货车厢。但是，如果他受过大学教育，他有可能偷窃整个铁路。"

"并不是由批评家指出强壮的人如何跌倒，或者事情的执行人如何能做得更好。荣耀属于竞技场中的人，他的脸上满是灰尘、汗水和鲜血，他投身于有价值的事业中，他英勇地斗争，他也犯错误，但是一次又一次迅速地站立起来。他知道胜利的伟大功绩，虽然在巨大的挑战中失败，但他不会和那些从来不知道胜利

罗斯福（左）和保守主义者约翰·缪尔在加利福尼亚州约塞米蒂国家公园的冰川之点。

或失败的冷血而胆怯的灵魂为伍。"

关于罗斯福的评论：

"西奥多参加婚礼时，他想成为新娘；他参加葬礼时，又想变成尸体。"

——他的大女儿艾利斯·罗斯福

威廉·霍华德·塔夫脱

William Howard Taft

第二十七任总统（1909~1913年任职）

"总统无法让云下雨，无法让玉米生长，也无法让商业繁荣；尽管当这些事情发生后，政治党派会因为一些发生的好事而邀功。"

甚至在威廉·霍华德·塔夫脱在世的时候，公众对他的认识是由他不是什么，而不是由他是什么来确定的。简而言之，他不是西奥多·罗斯福，注定只能处于其前任的影子之中。

如果罗斯福没有亲自钦定塔夫脱为完成其改革愿望的最好人选，塔夫脱的任期也许会更加顺利。但是，当罗斯福以其投身正义事业的热忱，赢得每日头条和公众的欢迎时，乏味且保守的塔夫脱却行动缓慢，因此，未能和罗斯福一样激起民众的热情。

但是这并不意味着塔夫脱没有推动改革事业。事实上，作为对抗垄断集团的托拉斯粉碎者，塔夫脱在任期间取得的成就超过了罗斯福。然而，当罗斯福提倡"新民族主义"，即增加自然保护的力度，保护劳动力，征收累进税，并且号召联邦政府帮助妇女、儿童和穷人时，塔夫脱和他背道而驰。在他看来，这些联邦政府的行动与宪法相悖。他对总统的权力持温和的态度，相信总统不会行使法律明确规定之外的权力。

　　尽管塔夫脱是共和党人，但是他曾经是罗斯福最亲密的顾问。在有些方面，他在哲学上与保守、谨慎的民主党人格罗弗·克利夫兰更为亲密。和前总统克利夫兰一样，塔夫脱是一名改革主义者，他对罗斯福及其支持者提倡的联邦权力的扩张很关注。1912年，在共和党内部，很多共和党人投了塔夫脱的票，使他以很大的优势战胜了罗斯福，成为共和党候选人。但是当罗斯福转到进步阵线时，塔夫脱最终只排名第三，最终由伍德罗·威尔逊获胜。1921年，塔夫脱成为第一个也是唯一一个被任命为美国首席法官的前总统。他深思熟虑、谨慎小心的做事方式使得他成为此职位的最佳人选。

生平纪实

出生：1857年9月15日出生于俄亥俄州辛辛那提。

血统：英格兰、苏格兰和爱尔兰。

父亲：阿方索·塔夫脱，1810年11月5日生于佛蒙特州汤申德，1891年5月21在加利福尼亚州的圣地亚哥逝世。

父亲的职业：律师、战争顾问。

母亲：路易斯·托里·塔夫脱，1827年9月11日生于马萨诸塞州波士顿，1907年12月7日在俄亥俄州辛辛那提逝世。

妻子：海伦·内莉·赫伦，1861年生于俄亥俄州辛辛那提，1943年在华盛顿特区逝世。

婚姻：1886年6月19日在俄亥俄州的辛辛那提结婚。

子女：罗伯特·阿方索·塔夫脱（1889~1953），海伦·赫伦·塔夫脱（1891~1987），查尔斯·费尔普斯·塔夫脱（1897~1983）。

家庭住址：华盛顿特区。

教育：俄亥俄州的辛辛那提护林官高等学校，1878年在耶鲁大学获学士学位，1880年就读于辛辛那提法学院。

宗教信仰：唯一神教派。

任职总统前的职务：律师、记者、辛辛那提法学院的院长。

任职总统前的政务职位：俄亥俄州哈密尔顿郡的助理检察官、俄亥俄州高等法院法官、国家律师顾问、联邦巡回法庭法官、菲律宾民政总督、战争顾问。

政党：共和党。

就职年龄：51岁（1909年3月4日）。

离任总统后的工作：耶鲁大学的宪法学教授、全国战时劳工委员会主席之一、最高法院首席大法官。

逝世：1930年3月8日。

墓址：华盛顿阿林顿国家公墓。

别名：比尔、大比尔。

著作：《反信任和最高法院》《美国与和平》《卑贱的地方官和他的权力》。

第一夫人：海伦·内莉·赫伦·塔夫脱
（Helen "Nellie" Herron Taft）

海伦·赫伦是在俄亥俄州辛辛那提长大的，她上过私人学校，并且学习过古典音乐。

敢作敢为、聪明且善于交际的塔夫脱夫人能接受丈夫担任的任何职位，甚至是在战火弥漫的马尼拉。随着他们旅行的地方越来越多，这对夫妇的社交圈以及世界政治的敏锐感不断增加。

尽管她在丈夫当选总统两周后便患上

1913年3月4日，总统当选人伍德罗·威尔逊和塔夫脱一起乘坐敞篷马车到国会山参加威尔逊的第一次就职仪式。

了中风，但她在担任第一夫人的四年里不乏著名的社交活动，包括一次有几千位客人参加的银婚庆典。现在华盛顿著名的第一棵樱花树就是由她栽下的。那些树是当时日本政府送来的礼物。她还写了本关于自己一生的书——《完美年代的回忆》。

塔夫脱的名言：

"不要整夜不眠地想方设法让我成为总统，因为那是不会成为现实的，我也没有那方面的野心。任何提名我的党派都会犯大错误的。"

"当我置身其中时，政治让我感到恶心。"

1909年3月的美国总统就职日那天，塔夫脱和妻子海伦一起坐在敞篷马车的后座上，他轻抬帽檐向人群示意。

133

关于塔夫脱的评论：

"我很难明白，为什么那么优秀的一位首席法官会是如此糟糕的总统。"

——路易斯·布兰戴斯大法官

"塔夫脱的原意是好的，但是他的行动很软弱。"

——西奥多·罗斯福

托马斯·伍德罗·威尔逊

Thomas Woodrow Wilson

第二十八任总统（1913～1921年任职）

"只要以超人般的精力，以照看看起来像精神错乱且漠不关心的旁观者的精力来努力工作，我们就能获得任何有价值的成就。"

伍德罗·威尔逊比华盛顿的任何总统经历的国内和国际重大事件都要多。在很多方面，他的政策是那些变化的催化剂；而在其他方面，他发现自己无力影响自己控制范围之外的势力。

当选为总统之前，威尔逊只担任过一个公共职务。但是他拥有超凡的政治技巧，能够灵活地通过独一无二的语言能力完成自己的提议。他走马上任时，已是一位声望很高的改革论者，并且曾经在他所在的新泽西州实行对商业利益的保护政策，因此而受到整个国家的关注。在他担任总统的头两年里，他颁布了一系列法律。他降低了关税，建立了累进收入税、联邦储备系统及联邦贸易委员会。后来，他还签署了禁止童工和将工时缩短到8个小时的法令。

135

在外交方面，威尔逊承诺美国将不再继续寻求领土扩张。与此同时，他利用美国的军事力量，派遣军队到多米尼加共和国、墨西哥及海地等国家，维持了美洲国家的稳定。威尔逊参加1916年竞选活动时，在竞选口号中声称，他成功地让国家避免了与欧洲发生战争。

然而，当他的第二任期开始时，威尔逊意识到他无法阻止战争的发生。于是在他的号召下，国会于1917年4月对德国宣战。尽管如此，威尔逊还是坚持不懈地说服战士们接受一场没有胜利者的战争——"一场结束所有战争的战争"。为了确保他梦想中持久的和平，威尔逊提出，为了大小国家都能相互保证政治独立和领土完整，需要建立一个国际联盟。尽管最后的条约脱离了他提出的大部分想法，理想主义的威尔逊还是将条约提交到了美国参议院。他问道："我们敢于否决它？敢于伤世界人民的心吗？"并问道："我们敢否决这项提议，让全世界的人心碎吗？"威尔逊没有向控制国会的共和党人妥协，心力交瘁的他在全国各地游说，试图动员民众支持这项协议的实行。在旅行中，他差点因中风而丧命。

尽管"国家联盟"的计划胎死腹中，威尔逊的想法最终促成了联合国的创立。他的工作使得美国参与世界事务的比重大大增加，威尔逊也因此在1919年被授予"诺贝尔和平奖"。

生平纪实

出生： 1856年12月28日出生于弗吉尼亚州斯丹顿。

血统： 苏格兰、爱尔兰。

父亲： 约瑟夫·拉格尔斯·威尔逊，1822年2月28日生于俄亥俄州施托伊本威尔，1903年1月21日在新泽西州普林斯顿逝世。

父亲的职业： 长老会的部长。

母亲： 珍妮特·杰西·伍德罗·威尔逊，1836年生于英格兰卡莱尔，1888年4月15日在田纳西州克拉克斯维尔逝世。

第一任妻子：埃伦·路易斯·阿克森，1860年5月15日生于佐治亚州的罗马城，1914年8月6日在华盛顿特区逝世。

第一次婚姻：1885年月24日在佐治亚州的萨凡纳结婚。

第二任妻子：伊迪丝·博尔玲·高尔特，1872年10月15日出生于弗吉尼亚州崴士维城，1961年12月28日在华盛顿特区逝世。

第二次婚姻：1915年12月18日在华盛顿特区结婚。

子女（与前妻）：玛格丽特·伍德罗（1886～1944），杰西·伍德罗（1887～1932），埃丽洛·鲁道夫（1889～1967）。

家庭住址：华盛顿特区伍德罗·威尔逊院。

教育：家庭教师，戴维森学院，普林斯顿大学，弗吉尼亚法学院，约翰·斯霍普金斯大学。

宗教信仰：长老教会。

任职总统前的职务：律师，普林斯顿大学教授、校长，作家。

兵役经历：无。

任职总统前的政务职位：新泽西州州长。

政党：民主党。

就职年龄：43岁（1913年3月4日）。

离任总统后的工作：退休。

逝世：1924年2月3日于华盛顿特区。

墓址：华盛顿特区大教堂。

别名：政治教师。

著作：《乔治·华盛顿》《美国人民史》《国家》《美国宪法政府》《国会政体》《伍德罗·威尔逊论文集》《宪政》。

第一夫人：埃伦·路易斯·阿克森·威尔逊（第一任夫人）
（Ellen Louise Axson Wilson）

威尔逊的第一任夫人拥有南方人的优雅和尊贵，是一名颇有成就的画家，对艺术充满兴趣，她常举办正式的宴会。威尔逊事业的前前后后，夫人为他准备演讲，并且在各个问题上向他提供建议。

那个时代的妇女们给予了威尔逊夫人极大的信任，作为回应，威尔逊夫人通过她的影响力帮助美国的城市贫民改善了生活状况，并且她还为一份关于住房供给的救济议案开展了很多工作。在她去世之前，她要求她的医生"迟些时候"再告诉威尔逊，说她希望他能够再婚。她在1914年8月6日那一天去世，这刺激了住房法案在国会内的通过。

伊迪丝·博尔玲·高尔特·威尔逊（第二任夫人）
（Edith Bolling Galt Wilson）

威尔逊于1915年和一名叫伊迪丝·博尔玲·高尔特的年轻寡妇结婚，第二任威尔逊夫人被认为是美国最有影响力的第一夫人之一。在威尔逊于1919年患中风并且随后瘫痪后，她无时无刻不陪伴着他，这为她赢得了"秘密总统"的别称。尽管她没有做出什么重大的决定，也没有发布任何政策，但是她负责筛选威尔逊的来客和信件，从中选择她认为最值得引起总统注意的事情。

威尔逊的名言：

"从根本上引起我的兴趣或者让我心烦的不是人，而是人的思想。人会死，但是思想是活的。"

"如果美国是由个人组成的，那它就一文不值；如果它是由大家组成的，那它就相当重要。"

"我一直都在享受共和党的友谊和陪伴，因为我本质上是一个老师，我想教他们一些东西。"

"没有比为人类服务更为高尚的宗教了。为共同的利益而工作是最伟大的信条。"

"美国的建立不是为了创造财富，而是为了实现一种理想，即发现并且保证人们的自由。"

关于威尔逊的评论：

"他手持缰绳，独自驱车前行，那是他唯一知道的领导方式。"

——威尔逊的传记作者阿瑟·林克

"他永远都是绝对自私、绝对无情的政治家。"

——西奥多·罗斯福

沃伦·甘梅利尔·哈定

Warren Gamaliel Harding

第二十九任总统（1921～1923年任职）

> "我的天，这不是人干的工作！我对付敌人没有问题……
> 但是我的那些朋友，他们让我彻夜难眠。"

当伍德罗·威尔逊1919年中风患病后，总统留下的一个有残缺的、活跃以及积极参与国际事务的进步时代终结了。

对于大多数美国人来说，那是一个好消息。刚经历一场可怕的战争，大多数人渴望国内能出现一个没有纷争、国际上也没有纠纷的简单年代。沃伦·甘梅利尔·哈定，来自俄亥俄州一个叫马里恩小镇，是一个不重要的后座议员席上的议员。在许多人看来他正是那个时代合适的总统人选。在选举之前，他总结了整个国家的状态，他宣称说："美国现在需要的不是装腔作势的豪言壮语，而是复原；不是自认为可解决社会或政治问题的妙计，而是一种常态；不是革命，而是重建；不是激动和鼓动，而是调整和调解；不是大手术，而是平静沉着。"哈定创造的词语"复原"，指的是回到第一次世界大战前美国标志性的政治和经济隔绝中。他轻松地在竞选中打败了民主党激进的

候选人詹姆斯·M.考克斯①。

哈定对回到简单年代的呼吁并不比他的任期轻松多少。事实上，他是第一个承认被工作打败的人。"我不知道该做什么，也不知道去哪里。"他在给一个朋友的信中写道，"应该有本书教我如何做。"最终，哈定满足于向共和党激进派寻求帮助。战时的控制被消除，税金上浮，关税上涨，移民更紧张。他在任期内也实现了竞选时承诺的政府经济策略。

到1923年，哈定还是很受欢迎的。公众不知道的是，他的行政部门内部腐败已经相当严重。他的内阁中最不诚实的是内政部长艾伯特·B.福尔。福尔曾经在怀俄明州②的茶壶丘③和加利福尼亚的鹿峰等海军石油储备上接受了私人石油利益集团的贿赂。尽管哈定没有参与进来，但是他知道此事，并且因为害怕会损害他的名声而没有揭露。

尽管退伍军人局的局长丑闻和司法部长哈里·道尔蒂的另外一个丑闻在他的任期内浮出水面，茶壶丘丑闻直到哈定去世后才为公众所知晓。1923年和妻子一起在全国旅行中，哈定在加利福尼亚的三番市因为心力衰竭而去世。1930年，一个宣称是他的情人、并且为他生下了一个私生子的女人出了一本书，哈定的名声彻底被毁。

生平纪实

出生：1865年11月2日出生于俄亥俄州布卢明格罗夫。

血统：英格兰、苏格兰和爱尔兰。

父亲：乔治·哈定，1843年6月12日生于俄亥俄州布卢明格罗

---

① 詹姆斯·M.考克斯：报纸发行人，曾任美国众议员，1920年由民主党提名为总统候选人，但是被共和党的哈定击败。

② 怀俄明州：美国西部的一个州。1803年美国向法国购买路易斯安那州时作为其一部分购得，1890被特许成为美国的第44个州，夏延为其首府和最大的城市。

③ 茶壶丘：位于美国怀俄明州中东部的一个美国海军石油储备基地。1921年由内政部长艾伯特·B.福尔秘密租给哈里·F.辛克莱的石油公司，从而成为哈定任期内政府丑闻的一个标记。

夫，1928年11月19日在加利福尼亚州圣安娜逝世。

父亲的职业：农民、医师。

母亲：菲比·狄柯逊·哈定，1843年12月21日生于俄亥俄州马里恩，1910年5月20日在俄亥俄州布卢明格罗夫逝世。

妻子：弗洛伦斯·梅布尔·柯玲·德沃尔夫，1860年8月15日生于俄亥俄州马里恩，1924年11月21日在俄亥俄州马里恩逝世。

婚姻：1891年7月8日于俄亥俄州马里恩结婚。

子女：无。

家庭住址：俄亥俄州马里恩。

教育：地方学校、俄亥俄州中央大学。

宗教信仰：浸礼会。

任职总统前的职务：报社编辑、教师、保险销售员、记者、出版人。

兵役经历：无。

任职总统前的政务职位：俄亥俄州参议员、俄亥俄州副州长、国会参议员。

政党：共和党。

就职年龄：55岁（1921年3月4日）。

逝世：1923年8月2日在加利福尼亚的三番市逝世。

墓址：俄亥俄州马里恩山坡公墓。

别名：无。

著作：《再次献身美国》《我们的国家》。

第一夫人：弗洛伦斯·梅布尔·柯玲·德沃尔夫·哈定
（Florence Mabel Kling De Wolfe Harding）

梅布尔·柯玲的父亲是俄亥俄州马里恩小镇上最富有的人，财富和特权伴随着她的童年。当她19岁还在辛辛那提音乐学院学习古典钢琴时，她就和人私奔了。她的第一任丈夫抛弃她之后，她给孩子教授钢琴课，自己抚养儿子。在她全心支持第二任丈夫哈定的政治事业时，她继续保持着自持而坚韧的个性。作为第一夫人，哈定夫人重新启动了白宫的社交功能。她为老兵举行庭院宴会，或者为朋友举办纸牌聚会；尽管有禁酒令，酒水仍然在白宫内自由流通。

丑闻！茶壶丘丑闻

在哈定去世后的1924年，公开的茶壶丘丑闻实际上早在1922年就开始了，当时的内政部长艾伯特·B.福尔秘密地控制着加利福尼亚和怀俄明境内的海军石油保留地。这项储备计划于1915年启动，由联邦的储备计划演变而来，之前得到了3任总统的支持。作为议员，福尔认为最好由私人企业控制这些石油储备，于是他计划将政府储备向私人企业开放。参议院对公众土地的调查透露：在福尔控制石油储备后，他将被称作茶壶丘储备和加利福尼亚的鹿峰储备租给私人的石油利益集团。作为回报，福尔收到了40万美元的红包以及相关企业的"贷款"。当丑闻真相大白时，柯立芝总统被迫指派特别检举人调查此案。对这一丑闻的调查几乎贯穿了整个20世纪20年代。1927年，高等法院将石油储备归还给了联邦政府。1929年，福尔被判犯受贿罪，受到罚款10万美元及入狱一年的判决。

哈定的名言：

"我不适合总统之职，我从来就不该担任这一职务。"

"美国商业不是怪物，而是上帝赐予的创造性冲动的表现，并且是我们幸福的救星。"

关于哈定的评论：

　　"如果你是一个女孩子的话，华伦，你可能一直都是一副不拘礼节，家常随便的样子。你也不会说'不'。"

——哈定的父亲

约翰·卡尔文·柯立芝

John Calvin Coolidge

第三十任总统（1923~1929年任职）

"政府不该为人民承担不可避免的生活负担。"

卡尔文·柯立芝被普遍认为是美国最差劲的总统之一。他是在沃伦·甘梅利尔·哈定去世后上任的，他主张政府尽可能少地干预民事。在他在任的6年时间内，他也做到了实施最少的行动。即使是华尔街的投机倒把达到新的高度时，柯立芝仍然放手不管，还说："美国最重要的事情就是商业。"但是，他很少了解美国的农业和劳力问题。当全国范围内的农场都遭遇经济危机的时候，他反对向他们提供援助。他还反对一项关于一战老兵的《退伍军人补助法》议案，并且大幅度减税，以缩小政府金库的规模。尽管他在历史学家眼中的名声很差，但是他在自己的任期内还是很受美国民众的欢迎。

第一眼看去，柯立芝的时尚外表似乎和他沉默寡言的性格不一致。有着"沉默的卡尔"昵称的他是一个公认的害羞且很少说话的人，甚至照相时他都很少微笑。然而，在美国人厌倦了伍德罗·威尔逊学者似的训话和哈定执政期令人沮丧的丑闻后，柯立芝直接的新英格兰式保守的确让人耳

目一新。

尽管他反对政府的干预，政府的确发布了几条执行了一个世纪的法律，以应对新产业的高速发展。比如，《商业航空法》要求所有的飞行员和飞行器都登记入册。除此以外，设立了联邦广播局，以规范广播产业。

然而，柯立芝没能采取行动控制导致经济大萧条的大范围股票投机倒把。尽管有人警告他这种投机倒把的危害，但柯立芝谨慎地提出说他作为总统对华尔街没有直接操控权力。尽管他能动用自己的权力要求联邦储备委员会加紧调控，他却选择置之不理。事实上，他依赖于美国第三大富有的人安德鲁·梅隆，让他担任财政部长，这也只是确保了政府尽可能少地干预国家事务。

尽管柯立芝总统受到了一些批评，但是他到最后一直都忠实于"小政府"的理念。当50年后罗纳德·里根上任时，柯立芝总统画像再次被挂在总统官邸的墙上。

生平纪实

出生：1872年7月4日在佛蒙特州普利茅斯出生。

血统：英格兰。

父亲：约翰·卡尔文·柯立芝，1845年3月31日在佛蒙特州普利茅斯出生，1926年3月18日在佛蒙特州普利茅斯逝世。

父亲的职业：商店老板、农民。

母亲：维多利亚·约瑟芬·莫尔·柯立芝，1846年3月14日在佛蒙特州普利茅斯出生，1885年3月14日在佛蒙特州普利茅斯逝世。

妻子：格雷斯·安娜·古德休，1879年1月3日在佛蒙特州博林顿出生，1957年7月8日在马萨诸塞州北安普敦郡逝世。

婚姻：1905年10月4日在佛蒙特州博林顿结婚。

子女：约翰（1906～2000），加尔文（1908～1924）。

家庭住址：佛蒙特州普利茅斯克林则庄园。

教育：普利茅斯学校，黑河中等学校，圣·约翰逊学院，1895年从阿默斯特获得学士学位。

宗教信仰：公理会。

任职总统前的职务：律师。

任职总统前的政务职位：马萨诸塞州议会议员，马萨诸塞州北安普敦郡市长，马萨诸塞州参议员、州参议院议长，马萨诸塞州副州长，马萨诸塞州州长，美国副总统。

政党：共和党。

就职年龄：51岁（1923年3月4日）。

逝世：1933年1月5日在马萨诸塞州北安普敦郡逝世。

墓址：佛蒙特州普利茅斯。

别名：沉默的卡尔。

柯立芝总统在观看完棒球比赛后与棒球明星握手。

著作：《与卡尔文·柯立芝一起思考事情》。

第一夫人：格雷斯·安娜·古德休·柯立芝
（Grace Anna Goodhue Coolidge）

格雷斯·柯立芝1902年从佛蒙特大学毕业，曾在马萨诸塞州的克拉克盲人学院教书。她在宗教活动中和卡尔文·柯立芝相识，并于1905年结婚。

作为第一夫人，柯立芝夫人将自己的社交生活设计为高贵而谦逊的风格。即使在她的儿子16岁时离开人世后，她仍然继续担任着白宫女主人的角色。柯立芝夫妇强调社会传统，他们最先点燃正式的公共圣诞树。因为她"在任第一夫人期间发挥出了良好的个人影响"，社会科学院给她颁发了一枚金质奖牌。1931年，她又当选为"美国12位最伟大的在世女性"之一。

柯立芝的名言：

世界上没有一样东西可以取代顽强和坚韧。才能不可以，怀才不遇者比比皆是，一事无成的天才也到处可见;教育也不可以，世界上充斥着学而无用、学非所用的人;只有顽强和坚韧，才能无往而不胜。

赫伯特·克拉克·胡佛

Herbert Clark Hoover

第三十一任总统（1929~1933年任职）

"繁荣不能靠侵袭公共财产而得以重建。"

1932年5月，成千上万名"一战"老兵聚集在华盛顿特区，以游说美国政府。他们希望胡佛能够立即发给他们1924年允诺的退伍金。两个多月来，胡佛拒绝与他们见面。到了7月份，他命令军队驱散他们。随后，陆军将"功臣军"的临时营地夷为平地，并且动用装甲坦克和催泪瓦斯对付抗议者。评论这个事件时，胡佛说："感谢上帝，我们还有这样一个政府……知道如何对付暴动。"

赫伯特·胡佛1874年出生在一个教友会信徒的家庭中。他从小就失去了父母双亲，是他的叔叔和婶婶把他抚养大的，并且教他尊重辛勤的劳动，养成节俭的习惯。胡佛在学校学习的是采矿工程，后来他成为一名国际工程师，并发了一笔财。到1914年，他的财富已经累计达到400万美元。

胡佛的教友会背景教会了他为他人服务的特性。他领导着一个为一战逃难人员提供食物的人道主义计划。1917年，伍德罗·威尔逊委托他

管理国家的战时食物储备计划。他作为人道主义者的名声在外，以至于未来的总统富兰克林·罗斯福这么评价他："他当然是个奇迹了，我希望我们能选他为美国的总统。"

尽管如此，胡佛总统仍然蔑视1932年的"功臣军"游行，因为他视个人责任为改革者的关键。个人和私人机构负责为人类服务，而不是联邦政府。胡佛认为，宪法不允许对个人的直接救助。随着1929年开始的经济危机日益恶化，以及他受到的压力的增加，他开始做出一些行动，尽管这些行动要么是错误的——如实际上引发全球贸易战的斯穆特-霍利关税案①；要么行动不够——如宽免欧洲国家债务的计划（那些国家无法偿还债务）。胡佛看上去没有理解这些事实：除了联邦的方案要结束这困难时期以外，美国民众也想要一个能够带给他们希望，鼓舞他们的总统。但是胡佛无法给予这些，在他卸任的时候，总统之位的上方布满了厚重的乌云。

生平纪实

出生：1874年8月10日在爱荷华州西布兰奇出生。

血统：瑞士、德国。

父亲：杰西·克拉克·胡佛，1846年9月2日在俄亥俄州迈阿密县出生，1880年12月14日在爱荷华州西布兰奇逝世。

父亲的职业：铁匠。

母亲：赫尔达·兰德尔·明索恩·胡佛，1849年5月4日在加拿大安大略省布拉格拉斯韦尔出生，1883年2月22日在爱荷华州西布兰奇逝世。

妻子：卢·亨利，1875年3月29日在爱荷华州沃特卢出生，1944年1月7日在纽约逝世。

婚姻：1899年2月10日在加利福尼亚州蒙特里杰克结婚。

---

① 斯穆特-霍利关税法案：1929年美国通过了斯穆特-霍利关税法案，其初衷是希望在美国经济滑向衰退之际，将美国人日渐萎缩的需求从进口商品引向本国产品。结果却造成其他国家纷纷对美国以牙还牙，20世纪20年代末的经济衰退最终演变成30年代的大萧条。

子女：赫伯特·克拉克（1903~1969），艾伦·亨利（1907~1993）。

家庭住址：爱荷华州西布兰奇。

教育：当地学校，纽堡学院，1895年从斯坦福大学获得学士学位。

宗教信仰：基督教公谊会。

任职总统前的职务：矿业工程师。

任职总统前的政务职位：比利时援助代理主席、美国食品大臣、最高经济委员会主席。

政党：共和党。

就职年龄：54岁（1929年3月4日）。

逝世：1964年10月20日在纽约逝世。

墓址：爱荷华州西布兰奇胡佛总统的图书馆。

别名：无。

著作：《解放的挑战》《美国第一次改革运动》《回忆录》《伍德罗·威尔逊的折磨》。

这幅漫画将经济危机比作一只笼罩全球的巨大章鱼，
而美国资金从外国的撤出则加速了危机的蔓延。

第一夫人：卢·亨利·胡佛
（Lou Henry Hoover）

卢·亨利是第一位，也是唯一一位从斯坦福大学获得地质学学位的第一夫人。她和胡佛在大学校园相识，并且毕业后就结了婚。和丈夫一样，胡佛夫人对科学和学术很感兴趣，并且热衷于户外运动。

在白宫里，胡佛夫人待客优雅。在国家陷入严重的经济大萧条时期，胡佛夫人用家里的钱来资助社会活动，以及实行装修计划。胡佛夫人用同样的热情关注和对待每一位客人——无论是年轻的还是年长的，是有头衔的还是没有头衔的。她一生慷慨大方，在建立国家女童子军方面也扮演了重要的角色。

胡佛的名言：

"真正的自由主义不是通过努力传播官僚作风，而是通过束缚这种作风来实现的。"

"政府唯一的职责就是为有利于私人企业积极发展的事务创造好的条件和环境。"

关于胡佛的评论：

"同胡佛的私人会见就像是洗墨水澡。"

——国务卿亨利·史汀生①

---

① 亨利·史汀生：美国政治家。作为第二次世界大战期间的陆军部长（1940～1945年任职），他主要负责监督美国部队的扩张和训练，曾建议向日本广岛与长崎投掷原子弹。

富兰克林·德拉诺·罗斯福

Franklin Delano Roosevelt

第三十二任总统（1933～1945年任职）

"我们唯一值得恐惧的就是恐惧本身。"

亲爱的总统：

　　我写信来只是为了告诉你现在一切都很好。你派来的人发现我们的房子状态良好，我们一起去了银行，抵押贷款可以延期。你记得我曾经写信给你说丢失家具的事，你的人帮我把它弄回来了。我从来没有听说过像你这样的总统。

　　这封信出自一位普通的对大萧条极为厌倦的公民之手，他是被富兰克林·德拉诺·罗斯福关于美国的新政直接影响的几百万美国人之一。在罗斯福看来，他的职责远不只是政府政策的首席执行者。他认为，总统的工作同样是去提升国民的精神，教育他们并且为他们提供一种视野。罗斯福将理论付诸实践。尽管脊髓灰质炎给他带来了巨大的痛苦，为了向全国人民展示他强大的形象，并且带领他们渡过经济难关，他学会了在钢制支撑物的帮助下"行走"。

罗斯福同时相信行动是他的职责。通过其著名的"新政"，他制定了让美国重新运作、平衡经济且增加货币供应的计划。尽管有些"新政"计划的目标是相互矛盾的，有批评家谴责他以令人担忧的方式扩张了联邦政府。

当1939年9月德国袭击波兰时，罗斯福立即着手准备废除武器禁运条款，他担心美国会卷入这次战争。他帮助美国工业迅速转型为"民主的军械库"，以生产轮船、飞机及一些供需品，其生产速度比以前任何时候都要快。在1941年日本偷袭珍珠港之后，罗斯福和英国首相温斯顿·丘吉尔之间形成了紧密的伙伴关系，领导对抗轴心国力量的战斗。

当然，罗斯福也受到了不少的批评。1937年，他设法将一些他信任的自由主义者法官"填塞"到最高法院。这令他失去了一些最亲近的同盟者的支持。在第二次世界大战期间，他下令将美国西海岸超过11.2万名的日裔美国人扣留在俘虏收容所里，并且剥夺他们的基本权利。他同时选择忽略纳粹集中营，认为盟军越快取得胜利，大屠杀就会越早结束。1945年罗斯福去世时，很多美国人无法想象还有除了他以外的其他总统，因为罗斯福在任很多年了。在他去世半个多世纪后，他的精神遗产继续被尊重和争论。

生平纪实

出生：1882年1月30日出生于纽约州海德公园村。

血统：荷兰。

父亲：詹姆斯·罗斯福，1828年7月16日出生于纽约州海德公园村，1900年12月8日在纽约州逝世。

父亲的职业：律师、金融家、铁路副总经理。

母亲：萨拉·德拉诺·罗斯福，1854年9月21日出生于纽约州的纽堡，1941年在海德公园村逝世。

妻子：安娜·埃莉诺·罗斯福，1884年10月11日出生于纽约州纽约

城，1962年11月7日在纽约城
逝世。

婚姻： 1905年3月17日在
纽约城结婚。

子女： 安娜·埃莉诺·
罗斯福（1906~1975），詹姆
斯·罗斯福（1907~1991），
富兰克林·德拉诺·罗斯福
（1909），埃里奥特·罗斯福
（1910~1990），富兰克林·德
拉诺罗斯福（1914~1988），
约翰·亚斯平沃尔·罗斯福
（1916~1981）。

这张由查尔斯·科尔诺设计的海报在大萧条时
期由国家复兴署发行。

家庭住址： 纽约海德公园村。

教育： 家庭教师，格罗顿公学，1903年获得哈佛大学学士学位，在哥
伦比亚大学学习过法律。

宗教信仰： 圣公会。

任职总统前的职务： 律师、政治家。

兵役经历： 无。

任职总统前的政务职位： 纽约州参议员、海军部助理部长。

政党： 民主党。

就职年龄： 51岁（1933年3月4日）。

逝世： 1945年在佐治亚温泉逝世。

墓址： 纽约海德公园村。

别名： FDR。

著作： 《快乐的勇士：阿尔弗莱德·史密斯》《罗斯福个人书
信集》。

第一夫人：安娜·埃莉诺·罗斯福
（Anna Eleanor Roosevelt）

埃莉诺·罗斯福被认为是她那个年代最伟大的人道主义者之一，她因为不知疲倦地致力于改善处于危难之中的人民的生活而为人们所记住。

富兰克林·罗斯福1921年患上脊髓灰质炎后，罗斯福夫人开始在政治上活跃起来，以帮助丈夫继续从事其事业。

在白宫内，罗斯福夫人从根本上改变了第一夫人的角色。除了款待成千上万的

首位女性内阁成员弗朗西丝·柏金斯致力于发展"老龄"保险计划。结果产生了为老年退休工人提供津贴的1935年《社会保障法案》。

大萧条期间，百万人口失业，很少有空缺职位，几乎每个银行都大门紧闭。

客人，她还出游全国各地，为无数处于大萧条困境中的人们带来希望。她还举行新闻发布会，做电台演说，并且还为报纸专栏"我的一天"撰写文章——这些都是以前的第一夫人们没有从事过的活动。

1945年丈夫去世后，罗斯福夫人作为美国驻联合国代表，继续为公众事业服务，她同时还促进国民的权利。78岁时，她因患肺结核而去世。

罗斯福的名言：

"总统职位不仅是一个执政机构。那只是它的最小功能，它不只是一个工程工作，无论是否有效率，它首先是一个道德领导的地方。"

"保守派是一个有完好的双腿，却从来也学不会走路的人。"

"美国的长处在于绝大多数美国人都拥有两个大的特点——幽默感和平衡感。"

"进步的标准不是我们是否为那些已经富足的人增加什么，而是我们为那些穷困的人提供些什么。"

1944年6月5日晚上，5300多艘船只跨越了英吉利海峡。历史上规模最宏大的海上进攻——"霸王行动"，在6月6日（D日）发动，当时盟军如狂风骤雨般登陆诺曼底海岸，冷不防地袭击了德国人。

在这张由乔·罗森塔尔拍摄的照片中，1945年2月23日日本的硫磺岛战役上，美国海军将美国国旗插到了苏罗巴其山的山顶上。

关于罗斯福的评论：

"遇到他就像是打开一瓶香槟。"

——英国首相温斯顿·丘吉尔

"国家由一群大学教授管理着。智囊团正努力向美国人民灌输社会主义思想。"

——森·亨利·哈特弗莱德

全球化时期的美国总统

哈里·S.杜鲁门

Harry S.Truman

第三十三任总统（1945~1953年任职）

> "我从来没有给任何人说过鬼话——我只是说出了关于这些人的事实，而他们却把这种事实当作鬼话。"

哈里·杜鲁门是在富兰克林·罗斯福去世后进入白宫的，这位惊讶的副总统问第一夫人埃里诺·罗斯福能否为她做些什么。她回答道："我有什么能为你做的吗？现在是你有麻烦了。"

罗斯福去世之前，杜鲁门只见过他两面，杜鲁门也没有听说过快要完成的原子能武器计划。就职后的某一天，杜鲁门告诉记者"他感觉月亮、星星以及所有的星球都要掉下来（压到他的身上）"。在他任期结束的时候，他已经面临过美国总统可能需要做出的最至关紧要的决定。意识到对日本群岛的地面袭击需要花费两年时间及成百上千的生命，杜鲁门同意了向广岛和长崎投放两颗原子弹的决定。

随后，杜鲁门又面临着新的挑战，这次是来自苏联的。在把围堵作为国家的外交政策的杜鲁门主义下，他承诺向受外国统治（即共产主义）威胁的任何国家提供援助。最终由国务卿乔治·C.马歇尔的演讲演变而来的马歇尔计划①刺激了西欧地区的经济复苏，并且将其与共产主义扩张相隔绝。斯大林封锁西柏林后，杜鲁门向这个城市空运物资，直到封锁结束。

在民主前线，他发现他的道路被共和党和南方民主党阻隔。人民普遍认为他会输掉1948年的改选，但是他赢得了第一个全任期，这让博学者都目瞪口呆。朝鲜战争开始时，他毫不犹豫地派兵前往。麦克阿瑟因为不顺从而被杜鲁门撤职，这导致了杜鲁门在华盛顿特区的一次棒球赛季开赛讲话时被人投掷纸杯和其他物品。但是通过解雇战争英雄，杜鲁门可能避免了一场更大规模的战争。他离任的时候受欢迎的程度已经降至最低点，不过最近几年他的名声有所回升。正如丘吉尔对他说的一样："我曾经憎恨你取代富兰克林·罗斯福，我也曾严重错误评地价你。但是自从那时起，就没有人像你那样拯救了西方的文明。"

生平纪实

出生：1884年5月8日生于密苏里州拉马尔市。

血统：苏格兰、英格兰。

父亲：约翰·安德森·杜鲁门，1851年12月5日出生于密苏里州杰克逊县②，1914年11月3日在密苏里州格兰维③逝世。

父亲的职业：农场主。

母亲：玛莎·艾伦·杨·杜鲁门，1852年11月25日生于密苏里州杰克逊县，1947年7月26日在密苏里州的格兰维逝世。

妻子：伊丽莎白·弗吉尼亚·华莱士，1885年1月13日出生于密苏里州独立城④，1982年10月18日在独立城逝世。

---

① 马歇尔计划：马歇尔是美国陆军上将，政治家。作为国务卿（1947～1949年在任），他提出援欧方案，世称"马歇尔计划"，并商谈建立北大西洋公约组织。1953年曾获诺贝尔和平奖。

② 杰克逊县：美国密苏里州中南部城市，是一个工业、商业中心。

③ 格兰维：美国密苏里西部一城市，其三面被堪萨斯城包围，是一个制造业中心。

④ 独立城：美国密苏里州西部一城市，位于堪萨斯城郊区。哈里·S.杜鲁门总统的家乡，杜鲁门的墓地和总统图书馆都位于此城中。

婚姻：1919年6月28日在独立城结婚。

子女：玛丽·玛格丽特（1924～）。

家庭住址：密苏里州的格兰维杜鲁门农场。

教育：公立高中毕业，堪萨斯城法学院。

宗教信仰：浸信会。

任职总统前的职务：道路监察员、银行职员。

兵役经历：密苏里国民自卫队第129野战炮团的上校。

任职总统前的政务职位：杰克逊县的东部区法官、密苏里杰克逊县县法庭会议主持法官、美国参议员、美国副总统。

政党：民主党。

就职年龄：60岁（1945年3月4日）。

离任总统后的工作：作家。

逝世：1972年12月26日在密苏里州堪萨斯城逝世。

墓址：密苏里州独立城。

道格拉斯·麦克阿瑟（左）与杜鲁门（右）。二战期间麦克阿瑟曾指挥太平洋同盟军部队，战后由他实现对日本的占领。朝鲜战争期间他也带领过美国军队。

1946年3月，丘吉尔在杜鲁门陪同下，在富尔敦的威斯敏斯特学院发表了著名的"铁幕"演说。

别名: 令人受不了的哈里。

著作: 《回忆录》。

第一夫人: 伊丽莎白·华莱士·杜鲁门
（Elizabeth Wallace Truman）

华莱士和哈里·杜鲁门这对多年的同学于1919年6月28日结婚。因为忠诚而被人记住的杜鲁门夫人和丈夫并肩作战很多年，这给她带来了"老板"的昵称。她甚至在杜鲁门担任议员期间成为他领取薪水的工作人员。虽然公众的关注和正式的宴请对她没有吸引力，杜鲁门夫人还是在保持社交生活最小化的基础上履行好了自己第一夫人的职责。他

163

们的女儿玛格丽特将杜鲁门夫人形容为总是有强烈的观点并且很直接的女人。

杜鲁门的名言：

"诽谤、谎言、人格损毁——这些对本国任何地方的任何公民都会构成威胁。甚至只有一个美国人——没有做错任何事——因为恐惧而紧闭其嘴，所有的美国人都处在危险中。起来将这一切终结，这是每个人——每个热爱自己的国家和自由的美国人的工作。"

"总统，美其名曰就是一个公共关系人，他花费自己的时间来奉承、接吻，并且促使人们做他们本来就应该做的事情。"

在这张照片中，杜鲁门正在签署将给希腊和土耳其提供国外援助的《对外援助法》。这种向任何反对共产主义的国家提供经济支持的做法被称作"杜鲁门主义"。

关于杜鲁门的评论：

"杜鲁门从来就不是一个简单、平凡的人。朴实的特性、密苏里州式的智慧、他的友谊所带来的温暖、他的真挚……不管这些如何富有魅力，他都还具备一些远远胜过这些且更为显著的品质，正是这些品质塑造了他享有世界威望的形象。"

——传记作家戴维·麦卡伦福

杜鲁门的"公平政策"建议让所有美国人都拥有健康保险，提高最低工资，并且保障每个美国人平等的权利。

德怀特·戴维·艾森豪威尔

Dwight David Eisenhower

第三十四任总统（1953～1961年任职）

> "从最终意义上来讲，我们所造的每一把枪、每一艘下水的军舰、每一支发射的火箭，都是从那些吃不饱的饥饿的人和那些穿不暖的受冻的人那里偷窃来的。"

在19世纪的大多数时间里，美国的政治党派都频繁地寻求广受欢迎的将军成为卓越的领导者和执事人员。然而到了20世纪早期，这一传统惯例就结束了。除了西奥多·罗斯福领导过莽骑兵①一些时日，以及哈里·杜鲁门在密苏里国民警卫队服役过以外，在20世纪的前50年里，再没有任何一位总统在军队里服过役。

而另一方面，德怀特·戴维·艾森豪威尔在1953年担任总统之前，除了军事方面的工作以外，他没有从事过任何其他的职业。在第二次世界大战期间指挥盟军之前，他就曾经在巴拿马和菲律宾服过兵役。作为最后一位在19世纪出生的总统，艾森豪威尔

---

① 莽骑兵：美西战争中的一支志愿骑兵团，该兵团由罗斯福和伍德招募并领导，由牛仔、矿工、执法官员和大学生组成。

在担任总统之前的那些岁月反映了20世纪美国在国际范围内不断增长的影响力。

当选为总统后，他努力让美国保持着在过去几十年里所取得的地位。他趋向于赞成和支持政府工作中实行的节约措施，并且在他的总统任期内一直致力于减少政府的开支与花费。他相信战略上的效率而不是传统的军事优势，而且他想方设法地削减防御预算。为了应对苏联，他还提出了"大规模报复"的战略。

当道格拉斯·麦克阿瑟开始发动在美国国内搜索共产党员的时候，甚至当麦克阿瑟攻击艾森豪威尔的好朋友——前国务卿乔治·C.马歇尔的时候，艾森豪威尔一直都保持着沉默。艾森豪威尔非常不喜欢麦克阿瑟，但是他宣称"我只是不愿意与那个人同流合污"。尽管如此，当这项运动的规则还在讨论中的时候，艾森豪威尔就执行了，虽然他非常不情愿。从艾森豪威尔的内心来说，他是一个种族隔离主义者（提倡或实施种族隔离政策的人），但是，当阿肯色州①州长奥维尔·福布斯阻挠小石城中央高中废止种族歧视和种族隔离时，艾森豪威尔动用了美国陆军精锐101空降师"保护"黑人入学。

艾森豪威尔曾经一度被称作是一个"什么都不做"的总统。然而，在美国的繁荣时期，却能将这个国家置身于战争之外，这一业绩应该归功于他。在卸任前不久，艾森豪威尔还发出了警告说，尽管强大的防御非常有必要，但是不断壮大的"军事工业联合体"却会使这个国家更加危险，而不是更加安全。这个一生都从事军事的男人用对和平的祈祷为他的警告画上了句号。

生平纪实

出生：1890年10月14日在得克萨斯州丹尼森出生。

血统：瑞士、德国。

---

① 阿肯色州：美国中南部一个州，1803年作为路易斯安那购置地的一部分归为美国。小石城是这个州的首府，也是最大的城市。

父亲：戴维德·雅各布·艾森豪威尔，1863年9月23日生于宾夕法尼亚州伊丽莎白威尔，1942年3月10日在堪萨斯州艾比利尼逝世。

父亲的职业：机修工。

母亲：艾达·伊丽莎白·勒孔顿·艾森豪威尔，1862年5月1日出生于弗吉尼亚州蒙特西德尼，1946年9月11日在堪萨斯州艾比利尼逝世。

妻子：玛米·热纳瓦·杜德，1896年11月14日出生于爱荷华的布恩。

婚姻：1916年7月1日在科罗拉多州丹佛市结婚。

子女：杜德·德怀特（1917～1921），约翰·谢尔登（1922～）。

家庭住址：宾夕法尼亚州盖茨堡。

教育：公立学校，1915年毕业于美国西点军校。

宗教信仰：长老教会。

任职总统前的职务：士兵、哥伦比亚大学校长。

兵役经历：美军中代理副职军官、欧洲战区美军打击行动指挥官、欧洲西部盟军远征军最高统帅、将军、陆军参谋长、欧洲战区盟军最高指挥官。

任职总统前的政务职位：无。

政党：共和党。

就职年龄：62岁（1953年1月20日）。

离任总统后的工作：作家。

逝世：1969年3月28日于美国华盛顿特区。

墓址：堪萨斯州的艾比利尼。

别名：LKE。

著作：《远征欧洲》《白宫岁月》《受命改革》《缔造和平》《悠闲的话：对朋友们谈家常》。

第一夫人：玛米·热纳瓦·杜德·艾森豪威尔
（Mamie Geneva Doud Eisenhower）

1915年，玛米·杜德与德怀特·艾森豪威尔在得克萨斯州的休斯顿福特·山姆相识，那个地方也就是艾森豪威尔第一次任职所驻扎的地方。他描述玛米是一位"活泼"而"漂亮"的姑娘。他们于第二年的7月1日结婚。

作为陆军士官的妻子，艾森豪威尔夫人很快就适应了跟随着丈夫满世界地跑，他们先后在法国、巴拿马使馆区及菲律宾等不同的地方居住过。

艾森豪威尔夫人外向、迷人，而且充满了热情，作为第一夫人，她自己也非常喜欢这个角色，并且赢得了广泛的欢迎。因为空中飞行和外交领域本身的一些变化，艾森豪威尔夫妇热情接待了很多国外权贵和官员，其数量之多可以说是史无前例的。

当选为总统（但是还尚未宣誓就职）的艾森豪威尔在1952年12月访问朝鲜军队的时候，兑现了竞选时许下的承诺。上任后不久，他就与北朝鲜谈判，协商达成和平协议。

美国全国有色人种协进会的组织人戴西·贝茨（后排，右起第二个）与小石城中心中学的9个非裔美国学生在一起。

玛米·艾森豪威尔的刘海和闪亮的蓝眼睛是她最经典的招牌，就像总统著名的露齿而笑一样。她外向的性格，身为女人对服饰和珠宝的喜爱，以及为丈夫和家庭感到显而易见的骄傲，都使得她成为一位广受欢迎的第一夫人。

丑闻！谢尔曼·亚当斯

艾森豪威尔第一任白宫办公室主任谢尔曼·亚当斯是一位做事非常高效的管理者，他负责监督白宫的日常运转。亚当斯还全权负责总统日常工作日程的安排——决定总统要会见谁，以及总统每天需要处理一些什么事务。

1958年初，联邦例行检查委员会的调查发现：亚当斯从联邦贸易与会处咨询了数个悬案，而这些案件可能影响到伯纳德·高德芬的公司。因为这些案件的最终结果将决定高德芬的公司是否需要按照联邦的要求标注其产品。进一步的调查表明：亚当斯曾经接受过高德芬的礼物，如小羊驼外套、免费使用波士顿酒店的套间，以及一条波斯地毯。在亚当斯任新罕布什尔州州长期间，他的家属、子女与波士顿实业家高德芬之间的关系开始亲密起来。亚当斯宣称那些礼物是友谊的象征，而并不是商业上的非法交易。

然而，更深入的调查表明：高德芬宣称那些给官员的礼物是商业方面的开销和花费。支持国会改选的共和党总统候选人要求亚当斯辞职。共和党的主席米德·阿尔克尔告诉他，这一议题可能会对该党当选的机会带来不利影响，之后亚当斯就辞职了。后来，艾森豪威尔曾经回忆说，亚当斯事件是他任期内最令人沮丧的事情。

艾森豪威尔的名言：

"在我任总统期间，美国没有损失一名士兵，没有失去一寸土地。我们保持了和平。人们问我这些是如何发生的——对天发誓，我会告诉他们，这些不是偶然发生的。"

"对于美国公众来说，我想象不到有什么能比坐在电视机屏幕前看上整整半个小时的我的脸更无聊的事情了。"

"你知道，当所有人都注视着我盯着我看的时候，我偶尔也会说到点子上，但是在那里我却恨不得回到屋子里，把窗帘拉下来。"

关于艾森豪威尔的评论：

"艾森豪威尔的问题在于他是一个懦夫。他根本就没有骨气。"

——哈里·杜鲁门

"大家记住了，艾森豪威尔是一个伟大的人。投艾森豪威尔一票就是在为美国的利益投下一票。"

——理查德·尼克松

约翰·费茨杰拉德·肯尼迪

John Fitzgerald Kennedy

第三十五任总统（1961~1963年任职）

"我们支持自由。那是我们对自己的信念，那也是我们对别人唯一的承诺。"

约翰·费茨杰拉德有一个雄心勃勃而且非常富有的父亲。约翰·费茨杰拉德早期并没有从政的打算。从哈佛大学毕业后，他到拉丁美洲和欧洲等地旅游，当时还没有具体的职业规划。这一时期的旅行帮助他形成了一些对世界政治的看法，比如发展中国家兴起的共产主义思想。他在第二次世界大战期间的英勇表现为他赢得了海军勋章和紫心勋章。然而，他在军事服役期间受到了一些伤痛，这些伤痛一直在不断地侵蚀着他本来就已经非常虚弱的身体。

战争结束的时候，肯尼迪开始对政治产生兴趣。他将这种转变归功于他本来打算追求政治事业的哥哥——乔。而肯尼迪原本渴望成为一名记者，他说："我开始从政是因为乔的离世，和这个一样，如果将来我发生什么意外，我的弟弟波比也会接着继续竞选参议院的位置；如果波比去世，泰迪也可能会接他的班。"

肯尼迪入选众议院，在3个任期之后，他又入选了参议院。他和后来成为司法部长的弟弟一起仔细地制定了1960年民主党的总统竞选计划。在他接受提名时的演说中，他提出了一个"新边疆"①的用语，提倡说那"不是一系列的承诺"而是"一系列挑战"。

在任职总统不到4个月的时间里，他采取了对古巴毁灭性的入侵。他深信在艾森豪威尔执政期间，美国和苏联之间在导弹研发方面的差距不断拉大。然而，这种判断很快就被证明是错误的，因为一份情报透露，苏联的导弹计划远远落后于美国的计划。然而，肯尼迪还是继续扩张美国的军事力量，因此，与苏联展开了螺旋式的军备竞赛。他的任期所面对的是冷战中最紧张的时期，无论是古巴导弹危机还是柏林墙的建立，然而，他对这些危机的灵活处理带来了与苏联之间的和平，而这种和平随着《禁止核试验条约》的签署达到了顶峰。

尽管肯尼迪在国际关系方面勉强取得了成功，但他在国内阵线却很不成功。国会内南部地区的很多民主党保守派经常和共和党一同反对肯尼迪的一些提议，如民事权利立法、为年长者的计划、医疗保险及联邦教育补助。

生平纪实

出生：1917年5月29日出生于马萨诸塞州布鲁克赖恩。

血统：爱尔兰。

父亲：约瑟夫·帕特里克·肯尼迪，1888年9月6日生于马萨诸塞州波士顿东区，1969年10月16日在马萨诸塞州海恩尼斯②逝世。

父亲的职业：银行家、外交官。

母亲：罗斯·费茨杰拉德·肯尼迪，1890年7月22日生于马萨诸塞州

---

① "新边疆"：是肯尼迪提出的施政方针，倡导在科学技术、经济发展、战争与和平等各个领域开拓新天地。这一新用语反映出肯尼迪政府意欲将"遏制"政策运用得更有效、更有力。

② 海恩尼斯：美国马萨诸塞州东南城镇，为一夏季旅游胜地。肯尼迪任总统时曾在附近修建夏宫。

波士顿，1995年1月22日在马萨诸塞州海恩尼斯逝世。

妻子：杰奎琳·李·鲍维尔，1929年7月28日生于纽约州南安普敦村，1994年5月19日在纽约州纽约市逝世。

婚姻：1953年9月12日在罗得岛州新港结婚。

子女：卡罗琳·鲍维尔（1957～），约翰·费茨杰拉德（1960～1999），帕特里克·鲍维尔。

家庭住址：华盛顿特区乔治城。

教育：乔特中学、伦敦经济学院、普林斯顿大学、哈佛大学、斯坦福大学。

宗教信仰：罗马天主教。

任职总统前的职务：作家、政治家、军官、记者。

兵役经历：海军少尉、海军上尉、美国海军军官。

任职总统前的政务职位：众议院议员、参议员议员。

政党：民主党。

就职年龄：43岁（1961年1月20日）。

逝世：1963年11月22日在得克萨斯州达拉斯被刺杀。

墓址：弗吉尼亚州阿灵顿①国家公墓。

别名：JFK、杰克。

著作：《英国为何沉睡》《英雄传略》。

---

① 阿灵顿：弗吉尼亚北部一个县，是阿灵顿国家公墓所在地，那里葬有美国独立战争时期阵亡的将士和其他包括威廉·霍华德·塔夫脱和约翰·费茨杰拉德·肯尼迪在内的名人。无名战士墓是为了纪念美国军队中在第一次世界大战、第二次世界大战、朝鲜战争和越南战争中阵亡的将士。

第一夫人：杰奎琳·李·布维尔·肯尼迪
（Jacqueline Lee Bouvier Kennedy）

还是一个小女孩的时候，杰奎琳·布维尔就会写诗歌，编故事，她还学习过芭蕾舞，并且喜欢骑马。她学习成绩非常优异，从乔治华盛顿大学毕业后，她在担任记者和摄影家的工作时，遇到了参议员约翰·肯尼迪。

第一夫人"杰姬·肯尼迪"，因为她的美貌、智慧和独特的风格以及在公众面前表现出来的妻子和母亲的双重角色而受到人们的倾慕。她对艺术的热爱激发了人们在全国范围内对艺术的关注，她把白宫转化成了一个关于美国历史和艺术的博物馆。在丈夫被刺杀后所表现出

1953年肯尼迪用电报向远在伦敦的杰奎琳求爱，当他们两在"伊丽莎白"号客船上见面时，杰奎琳答应了肯尼迪的求婚。

来的勇气为她赢得了全国人民的尊敬。尽管她渴望不受干扰，但是，在以后的日子里，她一直都是一个公众人物。

肯尼迪和弟弟罗伯特慎重地计划1960年的民主党总统选举提名。后来罗伯特成为肯尼迪的司法部长。

在一次白宫内阁会晤中，肯尼迪同马丁·路得·金等社区领袖一起讨论公民权利议案。从左到右依次是：小惠特尼·杨（全国城市联盟）、两个不知名人士、马丁·路得·金（南方基督教领袖会议）、约翰·刘易斯（全国学生非暴力协会）、约阿希姆·拉比（美国犹太人委员会）、尤金·卡森·布莱克博士（国家基督教议会）、A.菲利普·伦道夫、总统肯尼迪、W.沃尔特·路瑟尔（联合汽车工会）及副总统约翰逊（在路瑟尔的后面）。

肯尼迪的名言：

"我的美国人民们，别问你们的国家能为你们做什么——问问你们能为它做什么。"

"我的一生中，我懂得的比我依靠专家懂得的要多得多。我怎么能愚蠢得让他们走到我的前面去？"

——1961年4月，谈到猪猡湾入侵事件

"当然，这是一个艰巨的工作，但是，我不知道谁能比我做得更好。"

关于肯尼迪的评论：

"约翰·肯尼迪是一个快乐的人，认识他的人也将永远以这种方式记住他。"

——保罗·菲

"现在我认为，我应该知道他始终是不可思议的。我确实很清楚这一点，但是我应该能够预料得到，如果要和他一起变老，并且一起看着我们的孩子一天天长大，这的确有些过分。所以，现在他成了一个传奇，而他本来更愿意做一个普通人。"

——杰奎琳·肯尼迪，1964年

林登·贝恩斯·约翰逊

Lyndon Baines Johnson

第三十六任总统（1963~1969年任职）

"这就是美国的全部。它是没有被穿越过的沙漠，是没有被攀登过的山脊，是遥不可及的星星，是沉睡在没有被耕耘过的土地里的丰收。"

23岁的林登·贝恩斯·约翰逊作为新当选的得克萨斯州的国会议员里查德·克勒伯格的私人秘书，从得克萨斯州的乡下来到了华盛顿特区。约翰逊勤奋地工作，为的就是了解华盛顿的政治程序，并且要作为一个了解华盛顿内部情况的政治行家，迅速地树立起自己的声望。

在华盛顿，约翰逊是富兰克林·D.罗斯福总统的热情支持者。在1937年，罗斯福任命他担任海军事务委员会主任这一职位。约翰逊将罗斯福总统视为他的"第二个老爸"，因此，对他来说，罗斯福总统在1945年4月份的离世对他个人来说是一个莫大的打击。

在众议院的任职期间，约翰逊积极投身于第二次世界大战，并且因为他在"战斗中的英勇"而获得了银星奖章。在众议院任职5届以后，约翰逊于1949年入选参议院。1960年，约翰逊在总统竞选中输给了民主党候选人约翰·费茨杰拉德·肯尼迪,肯尼迪后来选择他作为竞选伙伴。

约翰逊在肯尼迪去世后继任总统,并且致力于继续推动前任总统还没有完成的事业。很快,他说服国会为人权、减税和医疗保险等立法。在赢得了1964年的总统大选之后,他继续完成他"伟大的社会"计划中的一些重要举措,比如,保证非裔美国人的选举权,为穷人和老人谋求医疗服务,以及资助教育事业,等等。

在外交方面,约翰逊主要关注越南战争,他对越南战争采取了一种叫作"逐步升级"的计划,相信它能加快解决冲突。1967年底,美国伤亡人数急速增加,战争预算也不断盘旋上升,这些导致了通货膨胀、价格上涨及反战暴动的发生。这场战争最终塑造了公众对总统的感知。到了1968年3月,他受欢迎的程度开始不断地下降,这迫使他不得不宣布不再谋求连任。

尽管人们把约翰逊当作在越战中失败的一位总统,但是,在美国社会历史上意义最深刻的改革却应该归功于他。他管理着美国生活中一段不同寻常的混乱时期,这是黑人、穷人和年轻人群起反叛的一个时期。虽然他的"伟大的社会"的计划有着不同的结果,人们还是记住了他是一位"为穷人和黑人而奋斗的总统"。建立一个没有穷困和种族分离的国家,这一宝贵的思想已经成为美国持久的财富。

生平纪实

出生: 1908年8月27日出生于得克萨斯州基利斯比县斯通沃尔。

血统: 英格兰。

父亲: 塞缪尔·伊利·约翰逊,于1877年10月11日生于得克萨斯州布达,1937年10月11日在得克萨斯州奥斯汀①逝世。

父亲的职业: 学校教师、农场主、州议员。

---

① 奥斯汀:得克萨斯州首府,位于该州中南部。该城于1839年被选为得克萨斯共和国首都,并于1870年成为该州永久性首府。得克萨斯大学的主要校址即在此。

母亲：莉伯卡·贝恩斯·约翰逊，1881年6月26日出生于德克萨斯州，1958年9月12日逝世。

妻子：克劳迪娅·阿尔塔·泰勒，1912年12月22日生于德克萨斯州。

婚姻：1934年11月17日在得克萨斯州圣安东尼奥结婚。

子女：林达（1944～ ）；露西（1947～ ）。

家庭住址：得克萨斯州约翰逊城LBJ大牧场。

教育：约翰城高级中学、西南得克萨斯州州立教师进修学校、乔治城大学法学院。

宗教信仰：基督教。

任职总统前的职务：教师、牧场主、政治家。

兵役经历：海军上校、美国海军预备队军官。

任职总统前的政务职务：全国青年署分署署长、美国众议院议员、参议员、美国副总统。

政党：民主党。

就职年龄：55岁（1963年11月22日）。

离任总统后的工作：作家。

逝世：1973年1月22日在得克萨斯州约翰城逝世。

墓址：得克萨斯州约翰逊城LBJ大牧场。

别名：LBJ。

著作：《有利的地位：对1963年至1969年总统任内的剖视》。

第一夫人：克劳迪娅·阿尔塔·"鸟儿小姐"·泰勒·约翰逊
（Claudia Alta "Lady bird" Taylor Johnson）

克劳迪娅·泰勒从得克萨斯大学毕业的时候就是班级里的优秀学生，毕业2年后，她遇到了林登·约翰逊。7个星期之后，她答应嫁给约翰逊。随后，她全心投入到丈夫的政治事业中，在第二次世界大战中以及

1955年约翰逊患心脏病的时候，克劳迪娅·泰勒一直照顾他，协助他完成志愿。

"鸟儿小姐"（"Lady Bird"）这一别名在她小的时候就被人们叫开了，因此，第一夫人唤起了全国人民对环境的关注。她同时还参与了丈夫"向贫穷宣战"的计划。约翰逊夫人于1970年发表了名为《白宫日记》的自传，她一直坚持不断地支持1982年建立的"国家野花研究中心"。

约翰逊总统和公民权利领袖马丁·路得·金一同讨论非裔美国人的投票权问题。尽管马丁·路得·金赞扬约翰逊在贫穷及失业方面的政策，他仍然对约翰逊政府追求公民权利立法的意图和明显的不情愿忧心忡忡。

约翰逊的名言：

"如果我们退出越南，明天我们将在夏威夷战斗，下周就得去三番市打仗。"

"令人兴奋激动的事情就是——总是在不停地变化、尝试、调查、失败、休养，然后再一次地尝试——永远都在不停地尝试，并且总是会有所收获。"

关于约翰逊的评论：

"当把所有对于约翰逊总统的总结和评价都汇纳在一起的时候，也许他不得不接受一个事实，那就是他被公认为是为穷人和黑人服务的最伟大的美国总统，我认为那的确是很大的荣耀。"

——拉尔夫·艾利斯

"他不喜欢自己身边冷心肠的知识分子。他希望人们因为一个老夫人在街上摔倒而哭泣。"

——约翰逊前顾问杰克·瓦伦蒂

"怎么可能是这样？如此能干、专横且势不可挡的总统竟会被一些内部的不安全感折磨、吞噬且驱使到毫无节制。"

——约翰·奥斯本

越南在共产党的领导下重新统一起来，并且于1976年正式成为越南社会主义共和国。战争期间，320万名越南人被杀害，此外还有150万~200万老挝人和柬埔寨人丧生。美国大约5.8万人丧生，还有30万人受伤。

理查德・米尔豪斯・尼克松

Richard Milhous Nixon

第三十七任总统（1969~1974年任职）

> "永远记住他人可能会仇恨你，但是那些人不会赢，除非你也仇恨他们。那样你就毁了自己。"

尼克松出生在加利福尼亚州小镇约巴林达的一个小商人的家庭里。在美国历史上，尼克松是第一位在任期内辞职的总统。年轻时的尼克松在学习上常常名列前茅，出类拔萃。1942年他加入了美国海军，而在此之前，他曾经在加利福尼亚从事过长达5年的法律工作。从战场归来后，尼克松决定开始从政，并且利用自己战术家的技能投身于国家的政治。

尼克松当选总统前的23年政治生涯始终处于论战交锋之中。1946年，他以共和党人的身份入选第80届国会，在1950年入选美国参议院后，他一共服务过两届国会。尼克松被看作是一个态度强硬的反共产主义分子，他在1952年成为艾森豪威尔的副总统，并且在1956年再次当选为副总统。然而，作为1960年的总统候选人，尼克松输给了约翰・F.肯尼迪。在大大改进了自己的竞选策略并且在一些敏感的事件上重新定位自己的立场后，尼克松终于在1968年

成功地当上了美国总统。

作为总统，尼克松喜欢在国内问题上实行政治实用主义。他的人权政策、司法任命以及试图把南方人任命到高等法院（最后却没有成功），都是为了安慰保守的南部地区。上任时，尼克松宣称20世纪70年代应当是一个"政府改革的年代"。为了解决他继任时所存在的经济问题，他采用了一系列非正统的创新措施。在外交方面，他相信，依靠美国的力量和外交方面的影响就能解决区域之间乃至全球的问题。

1973年早期，美国和北越签署了一份协议，这使得美国从越南撤军。尼克松还同苏联签订了谷物销售的协定，而且更为重要的是，1972签订的武器限制协议（也称作SALT－Ⅰ）。然而，外交政策上他最大的成功应该是1972年到北京对中国的国事访问，这让美国和中国的关系正常化。

尼克松在任的最后数个月被丑闻所困扰。在因为"水门事件"可能引发弹劾的情况下，尼克松于1974年8月9日辞职。尽管尼克松在第一任期内取得了一定的成就，但是他没有完成的第二任期还是失败的，人们回想起他的总统任期时，记忆中主要的还是争议颇多的"水门事件"。

生平纪实

出生：1913年1月9日出生于加利福尼亚州小镇约巴林达。

血统：苏格兰、爱尔兰和德国。

父亲：弗朗西斯·安东尼·尼克松，1876年12月3日生于俄亥俄州麦克阿瑟，于1956年9月4日在加利福尼亚州惠蒂尔市逝世。

父亲的职业：汽车加油站和杂货店店主。

母亲：汉娜·米尔豪斯·尼克松，1885年3月7日生于印第安纳州巴特勒镇。

妻子：西尔马·帕特·凯瑟琳·瑞安，1912年3月16日生于内华达州伊利，1993年6月22日在新泽西州派克里奇逝世。

婚姻： 1940年6月21日在加利福尼亚州里弗赛德结婚。

子女： 特里西娅（1946~），朱莉（1948~）。

家庭住址： 加利福尼亚州圣克利门蒂。

教育： 进入过公立学校，1934年在惠蒂尔学院获得学士学位，1937年在杜克大学法学院获得法学学士学位。

宗教信仰： 贵格会①。

任职总统前的职务： 律师、商人。

兵役经历： 美国海军上尉（1942~1946）。

任职总统前的政务职位： 加利福尼亚州国会众议员、美国参议院议员、美国副总统。

政党： 共和党。

就职年龄： 56岁（1969年1月20日）。

离任总统后的工作： 作家。

逝世： 1994年4月22日在纽约州纽约市逝世。

墓址： 加利福尼亚州约巴林达镇的理查德尼克松图书馆。

别名： 无。

著作：《六次危机》《尼克松回忆录》《真正的战争》《真正的和平》《领导人》《1999：不战而胜》《和平之外》。

第一夫人：西尔马·帕特·凯瑟琳·瑞安
（Thelma "Pat" Catherine Ryan）

在13岁的时候，帕特·瑞安就永远地失去了母亲，5年后，她的父亲又离开了人世。意志坚定的她一路努力，并进入南加利福尼亚大学学习，于1937年毕业。后来，她从事过教师的工作，还当过政府经济学家。

---

① 贵格会：又称公谊会或者教友派，是基督教新教的一个派别。该派成立于17世纪的英国，因一名早期领袖的告诫"听到上帝的话而发抖"而得名"贵格"（Quaker），中文意译为"震颤者"。

作为第一夫人，帕特·尼克松陪同丈夫一起进行了很多重要的旅行，而且还曾经作为友好大使独自出行。在白宫，她邀请家庭的成员一起做主日崇拜，开展一系列的音乐表演，并且完成了由前第一夫人杰姬·肯尼迪开始的革新。在"水门事件"丑闻期间，帕特·尼克松始终保持着自己的尊严，并且一直支持着丈夫。

丑闻！水门事件

有5个男人闯入了设在华盛顿特区波托马克的水门饭店和办公综合大楼的民主党全国委员会总部，这几个人被抓住以后，随之而来的是，引起轰动的丑闻在1972年6月发生了。接下来就是对竞选进行的一系列非法而隐蔽的破坏指控。随后得知，这些活动背后的可疑人物是白宫顾问以及总统竞选连任委员会的成员。

尼克松政权试图掩盖这一事件，但是，到了1972年的年末，参议院和新闻界开始调查此事。调查此事件的一个参议院委员会提供了证词，这让总统的可信度大为降低，而且还要求弹劾总统，或者让总统辞职。

这次丑闻涉及一些重要人物及大公司。另一起与之相关的事件是1971年9月3日搜查心理医生丹尼尔的办公室。丹尼尔是美国国防部的成员，他向新闻界泄漏了和越南战争相关的五角大楼的保密文件。这些一连串的事件揭露了最高层史无前例的不正当的行为，以及正在进行中的肮脏的政治事件。最终，国民对总统职位的失望及国会的不信任导致了美国历史上的首次总统辞职。

尼克松的名言：

"我的母亲认为我在音乐方面有一些天赋。在我7岁的时候，我开始用这一架'皇冠'钢琴接受叔叔给予我的音乐辅导。我还学会了小提琴、黑管、萨克斯和手风琴。我经常想，如果在那些日子里有一个优秀的说唱乐队，我可能选择音乐作为我的职业，而不是政治。"

"在8年前以一票之差落选，现在我可以说：赢得竞选的乐趣要大得多。"

关于尼克松的评论：

"尼克松是那种能够砍倒一棵红木，并且还能在树桩上做一场关于自然保护演讲的人。"

——阿德莱·尤因·史蒂文森

"尼克松是个一文不值、喜欢撒谎的坏蛋。他能用嘴的两边同时撒谎，如果他无法选择说真话，他会撒谎以保持他能掌控一切。"

——哈里·S.杜鲁门

水门事件使得公众的愤怒爆发：写有"弹劾尼克松"的不干胶广告和布告在全国范围内随处可见。上幅照片中，示威者在白宫前抗议。

杰拉尔德·鲁道夫·福特

Gerald Rudolph Ford

第三十八任总统（1974~1977年任职）

"实际上，我很清楚你们没有通过你们的选票来选举我为总统，于是我请你们用你们的祈祷来批准我。"

杰拉尔德·福特并没有心怀成为美国总统的理想，但是，他却因为没有经过选举投票就担任副总统和总统的职位而创造了历史。福特在密歇根州大瀑布城保守的环境里长大。他是一个好学生，而且在体育方面有特长。1940年，他从耶鲁法学院毕业，随着美国卷入第二次世界大战，他加入了美国海军，成为海军上尉并且在北卡罗来那州训练新兵。1年之后，他在太平洋战场的一架航空母舰上服役。到战争结束的时候，他的官衔已经升至少校，随后他回到大瀑布城从事法律工作。

福特作为共和党的改革者开始参与当地的政治工作。他于1948年入选众议院，随后在那里服务了25年之久。在他的整个政治生涯中，他一直都强烈地反对保守的财政政策，同时他也是强调围堵政策的外交策略的强烈反对者。1965年，福特被选为众议院少数派领袖。1973年10月10日，副总统阿格纽①辞职后，尼克松于1973年12月6日任命福特为副总统。不到一年，因为水门事件尼克松引咎辞职，之后，福特于1974年8月9日宣誓就任总统。福特没有经历过渡时期而直接担任总统的事实使得当时的政治形势更为复杂。他的内阁最初由尼克松的任命者组成，于是他无法高效地掌管政权。除此以外，福特还得承受水门事件的重负。当他决定无条件地宽恕前总统尼克松的时候，全美国的人民都被激怒了。他没有能力取悦媒体，这更让他同美国人民更加疏远。无论如何，福特辛勤地工作，想以此恢复混乱不堪的局面，保持经济的稳定。他尽力减少联邦对经济的干涉，并且在通货膨胀的情况下保持预算平衡。

在外交政策的前沿，福特有机会加强自己的立场。在标志着美国军事上失败的越南战争后，美国试图使用武力对付红色高棉军队，轰炸柬埔寨大陆以重塑美国陆军的威信。福特继续尼克松的缓和政策，并且在同苏联的武器和谈上取得了一些进步。尽管备受指责，福特还是参加了1975年的赫尔辛基大会②。

最终，福特无力将自己和尼克松的水门事件拉开距离，并且对经济控制的失败，特别是不断上升的通货膨胀，导致了他在1976年的总统大选中失利。

生平纪实

出生：1913年7月14日出生于内布拉斯加州奥马哈城。

血统：英格兰。

父亲：莱斯利·金，1886年7月25日出生于内布拉斯加州沙伦德，1941年2月18日在美国亚利桑那州图森逝世。

父亲的职业：羊毛商人。

---

① 阿格纽：美国政治家，是唯一被迫辞职的副总统。1968和1972年当选副总统。由于涉嫌在马里兰州长任内犯有勒索、受贿、逃税等罪行，于1973年辞去副总统职务。

② 赫尔辛基大会：1975年在这里签订了国际协议，主要是谋求苏联与西方集团共同承认第二次世界大战后的欧洲现状（包括将德国分裂为两个国家）来缓和双方间紧张的局势。

继父：杰拉尔德·鲁道夫·福特，1890年12月19日出生于密歇根州大瀑布城，1962年1月26日于大瀑布城逝世。

继父的职业：福特涂料和油漆公司老板。

母亲：多萝西·加纳德·金·福特，1892年2月27日出生于伊利诺伊州哈佛，于1967年9月17日在密歇根州大瀑布城逝世。

妻子：伊丽莎白·"贝蒂"·布卢默·沃伦，1918年4月8日出生于伊利诺伊州芝加哥。

婚姻：1948年10月15日在大瀑布城结婚。

子女：麦克尔·杰拉尔德·福特（1950~），约翰·杰拉尔德·福特（1952~），史蒂夫·福特（1956~），苏珊·伊丽莎白·福特（1957~）。

家庭住址：加利福尼亚州棕榈泉。

教育：密歇根大学、耶鲁法学院。

宗教信仰：圣公会。

任职总统前的职业：律师。

兵役经历：海军上尉，参加过第二次世界大战。

1975年12月1日，福特总统到达北京，开始和中国领导人为期5天的会晤。

任职总统前的政务职务：共和党少数派领导人、众议院议员、美国副总统。

政党：共和党。

就职年龄：61岁（1794年8月9日）。

离任总统后的职务：公共发言人、商人。

别名：杰西。

著作：《狂热的年代》。

第一夫人：伊丽莎白·"贝蒂"·布卢默·福特
（Elizabeth "Betty" Bloomer Ford）

在佛蒙特的本宁顿学院学习现代舞蹈后，贝蒂·布卢默加入了纽约州著名的玛莎·格雷勒姆舞蹈团。她先后当过时装模特、时装零售协调员及舞蹈教师。

贝蒂·福特带着幽默和直率的性格开始扮演第一夫人这一个富有挑战性的角色。她因为支持艺术、老年人的权利与"平等权利改善"——妇女立法而闻名，而这些却正是她丈夫所反对的。她在公众场合坦然承认自己正在与乳腺癌和酒精上瘾做斗争，这一份坦诚大大地鼓舞了那些处于类似情形中的市民，她设立的贝蒂·福特中心一直在全国范围内实施着一个知名的"毒品和酒精上瘾的康复计划"。

福特的名言：

"真理是让政府团结起来的胶水。妥协是让政府运作的润滑油。"

"那非常非常的不舒服……如果我对尼克松持批评意见，媒体和公众就会说，他一直想用更少的代价获得尼克松的那个职位。另一方面，如果我保持忠诚，那我看上去就像是在支持某个涉嫌这一不理智行为的人。"

关于福特的评论：

　　"在国家更新换代的过程中，我想不到任何其他人能比他更好地带领我们。他是一个如此纯粹的美国人，拥有不容置疑的正直，且内心平和。他考虑周到，对国家事务和国际责任了解得非常透彻，冷静且毫不畏惧。"

——亨利·基辛格

　　"福特是如此地死板，以至于他在走路时不能嚼口香糖。他是个不错的人，但是他花太多时间在不带头盔的情况下就踢足球。"

——林登·B.约翰逊

詹姆斯·厄尔·卡特

James Earl Carter

第三十九任总统（1977~1981年任职）

> "在某些时候，战争有可能是一种必要的邪恶，但是不管它有多么必要，战争始终都是一件邪恶的事情，而绝对不会是什么好事。我们不能杀害彼此的孩子来学习如何和平共处。"

吉米·卡特也许是20世纪进入白宫的最"门外汉"的总统了。卡特在佐治亚州普兰斯镇出生和长大，从美国海军学院毕业后，卡特在战舰上工作过两年。后来卡特申请到潜水艇上工作，于是他上了常规潜艇"鲳鱼号"和K-1。1952年，他被调任到精英原子弹潜艇。在他的父亲1953年去世后，卡特回到家乡普兰斯，负责家族的花生农场，并且很快成为当地的领导。他于1962年入选佐治亚州的参议院，并且在那里服务了两个任期。1970年，卡特被选为佐治亚州的州长。

卡特利用自己"局外人"的形象与华盛顿的组织竞争，赢得了美国总统的职位。他巧妙地利用了越战和水门事件后民众对政府的不信任与疏远感，简单地将诚实带到自己的执政之中，因此形成了别具特色的政治风格，很多人对此印象非常深刻。他简单朴素的作风大

大减少了君主式的总统制的自负。通过任命非裔美国人担任一些高级职位，他一步步探索着将政府向那些还没有得到利益的人群开放。

针对卡特的提议，国会创建了教育部，解除对航线、货车运输和铁路工业的管理制度，并建立起一个拥有10亿美元巨额资金的基金会，用作清扫废弃的化工废物场所。一个全面的国家能源政策由此非常明确地形成了。

卡特的巨大成就也表现在主动的外交政策上，比如巴拿马运河协议、戴维营协定①和海外的人权政策。然而，当苏联在1979年入侵阿富汗后，以及拖延了444天之久的伊朗人质事件后，他无法处理与这些国家之间日益恶化的关系。②

卡特被评为美国历史上最差的十位总统之一，他也经常被描述为一位和众多华盛顿权威人士、国会成员疏远，而且效率低下的可怜的总统。在他的任期内，通货膨胀和利率都创下了新的纪录③，而且总统在国内外事务上都表现得没有什么效率。但是，另一方面，也可以说卡特给了美国一个充满诚实和高尚气概的政府，尽管是高度压迫出来的。

生平纪实

出生：1924年10月1日出生于佐治亚州普兰斯。

血统：英格兰。

父亲：詹姆斯·厄尔·卡特④，1894年12月12日生于佐治亚州阿灵

---

① 戴维营协定：1978年9月6日，美国总统卡特、埃及总统萨达特和以色列总理贝京，在美国总统休养地戴维营举行最高首脑会议。"戴维营协定"规定了埃及和以色列两国间建立全面的外交和经济关系，条件是以色列将所占领的西奈半岛归还埃及，埃及则允许以色列船只自由通过苏伊士运河等。

② 1979年苏联进兵阿富汗，卡特采取了强硬措施，美国和苏联的关系日益恶化；1979年11月，驻德黑兰美国大使被一群伊朗学生扣为人质。美伊反目成仇，美国和伊朗的关系跌入最低点。

③ 自卡特上任以来，通货膨胀率逐年上升，1976年为6%，1980年已升至12%以上；失业率高达7.5%；利率1980年竟2次达到20%，甚至更高。

④ 卡特总统与其父同名，故称为小詹姆斯·厄尔·卡特。

顿，1953年7月23日在佐治亚州普兰斯逝世。

父亲的职业： 保险经纪人、农场主、肥料商人。

母亲： 莉莲·戈迪·卡特，1898年8月15生于佐治亚州里奇兰德，1983年4月30日在普兰斯逝世。

母亲的职业： 护士、和平机构志愿者。

妻子： 埃莉诺·罗莎琳·史密斯·卡特，1927年8月18日出生于佐治亚州普兰斯。

婚姻： 1946年7月7日在佐治亚州普兰斯结婚。

子女： 约翰·威廉（1947～），詹姆斯·厄尔Ⅲ（1950～），丹尼尔·杰弗里（1952～），艾米·林恩（1967～）。

家庭住址： 佐治亚州普兰斯。

教育： 佐治亚西南学院（1941～1942），佐治亚理工学院（1942～1943），美国海军学院（1947），联邦学院（1952～1953）。

宗教信仰： 浸信会。

任职总统前的职务： 士兵、农场主、仓库老板。

兵役经历： 海军上尉。

任职总统前的政务职位： 佐治亚州州长、佐治亚立法委员。

政党： 民主党。

就职年龄： 53岁（1977年1月20日）。

离任总统后的工作： 人权激进分子、作家、外交官、和平使者。

别名： 吉米。

著作： 《为什么不是最好》《睿智的吉米·卡特》《保持信心》《全力以赴》《外出日记》《阿伯拉罕的血》《年龄的价值》《黎明前的一小时》。

第一夫人：埃莉诺·罗莎琳·史密斯·卡特
（Eleanor Rosalynn Smith Carter）

埃莉诺·卡特在19岁的时候嫁给了吉米·卡特。他们的政治生涯是从他1962年竞选佐治亚州参议员开始的。

作为第一夫人，罗莎琳·卡特不仅经常为丈夫提出好的建议，而且还参加内阁会议并且还作为外交使者工作，这是一个颇受争议的白宫女主人们的延伸角色。她也经常关注政策实施的情况及精神健康方面的问题。在卡特任职期间，卡特夫人一直是亚特兰大的"卡特中心"，一个全球和平组织和第一夫人人权组织的副主席。她在1984年发表了自传《从贫民到第一夫人》。

卡特的名言：

"在我的有生之年，19世纪60年代的人权法案对于南方来说是最大的一件事情，它从白人的肩上同时也是黑人肩上卸下了一个重担。"

关于卡特的评论：

"卡特总统是个对别人和自己都很诚实的人，因为他对人如此诚实，这也是为什么我如此容易对付他的原因……他是一个被宗教信仰和高尚的人生观所激励的人——一个农民，就像我一样。"

——安沃·萨达特[1]

---

[1] 安沃·萨达特：埃及总统（1970~1981），1979年他和以色列总理贝京签订和平条约，两人在1978年共获诺贝尔和平奖。

罗纳德·威尔逊·里根

Ronald Wilson Reagan

第四十任总统（1981~1989年任职）

"我并不想废除政府，与其这样，还不如让它更好地工作——为我们工作，而不是凌驾于我们之上，政府应该站在我们一边，而不是骑在我们背上。政府可以并且必须提供条件，而不是隐藏它；必须提高生产力，而不是抑制它。"

罗纳德·威尔逊·里根最初从政是在加利福尼亚的州政府，当时他因致力于降低税率及政府开支而闻名。1980年在他竞选美国总统期间，他攻击了卡特政府在物价水平上升2个百分点以及高失业率方面管理上的失败。他还批评了卡特在将苏联驱逐出阿富汗以及解决伊朗人质危机问题上的失职。

当谈到就任总统后的设想时，里根提出了减缓严重的经济衰退以及境况不佳的经济状况的强硬政策，被称为"里根经济政策"，这个政策包含通过削减社会项目以降低联邦政府的开支、对税收的大规模削减以及减少联邦政府规章。在他第一任任期结束的时候，通货膨胀得到有效控制，税率得到有效降低，就业率显著增加。

里根政府看到了世界历史上和平

时期军队的大规模开支。他采取监视与大力支持第三世界国家的反社会主义叛乱的政策，其中包括萨尔瓦多。同时，他将军队派往黎巴嫩，帮助其基督教政府防御穆斯林组织的叛乱。里根观察到各种具有道德意义以及会产生严重后果的国际问题，比如冷战。

里根在1984年继续竞选总统时，其声望达到了顶峰。他以绝对优势战胜了沃特·蒙代尔①，这都得益于他重建美国经济的功劳。然而，反对伊朗事件、1987年股票市场崩盘以及连续的财政赤字，使他的第二任期变得不受欢迎。

里根的遗产至今颇受争议。作为岁数最大的总统，他实行了一种全新的领导方式：不重视他的领导角色并强调使用新的媒体与公众交流。他与苏联的领导人戈尔巴乔夫缔结了亲密的关系，这大大地缓和了历史上两国关系的紧张与压力，也为结束冷战铺平了道路。最终，正是因为他的功劳，美国的经济政策在半个世纪中经历了深刻的变化。

生平纪实

出生：1911年2月6日生于伊利诺伊州坦皮科。

血统：爱尔兰、苏格兰和英格兰。

父亲：约翰·"杰克"·爱德华·里根，1883年8月13日生于伊利诺伊州富尔顿，于1941年5月18日在加利福尼亚州好莱坞逝世。

父亲的工作：皮鞋推销员。

母亲：内尔·克莱德·威尔逊，1883年7月24日生于伊利诺伊州克莱德镇区，1962年7月25日在加利福尼亚州圣莫尼卡逝世。

第一任妻子：简·惠曼，1914年1月4日生于密苏里州圣约瑟夫。

第一次婚姻：1940年1月26日在加利福尼亚州洛杉矶结婚。

第二任妻子：南希·戴维斯，1921年7月6日生于纽约。

第二次婚姻：1952年3月4日在加利福尼亚州圣费尔南多谷结婚。

---

① 沃特·蒙代尔：美国政治人物，主要从事法律工作，1976年成为卡特的竞选伙伴当选副总统。1984年获民主党总统候选人提名，但是最后败给了里根。

子女：与第一任妻子生有莫林·伊丽莎白·里根（1941～2001），米歇尔·爱德华·里根（1945～）；与第二任妻子生有帕特里夏·安·里根（1952～），罗纳德·普雷斯科特·里根（1958～）。

家庭住址：加利福尼亚州洛杉矶。

里根携夫人南希和南卡罗来纳州的斯托姆·瑟蒙德一起参加竞选活动。

教育：1932年从尤卡里学院获得学士学位。

任职总统前的工作：军人、电台播音员、演员。

军队职务：陆军少尉、陆军中尉、陆军上尉。

任职总统前的政务职务：加利福尼亚州州长。

政治党派：共和党。

就职年龄：69岁（1981年1月20日）。

离任总统后的工作：退休。

逝世：2004年6月5日在加利福尼亚州洛杉矶逝世。

墓址：加利福尼亚州塞米谷的罗纳德·里根博物馆。

别名：伟大的交流者、达奇、罗尼、特弗伦总统。

著作：《剩下的我在哪里？》《创造性的社会》《国家的失败和良心》《心灵告白》《一个美国人的一生》。

第一夫人：南希·戴维斯·里根
（Nancy Davis Reagan）

　　毕业于史密斯学院之后，南希·戴维斯就成了一个成功的专业演员，她在婚后和做妈妈期间仍开心地从事这一工作。她是里根的第二任夫

人，里根的第一任夫人简·惠曼同样是一名演员。

作为第一夫人，南希·里根在暗杀袭击和政治丑闻发生时，一直保护着自己的丈夫，并站在丈夫这一边。她也同样扮演着他的非正式顾问。南希·里根喜欢各种白宫社会活动，在她作为第一夫人的第一年里，她被批评在重新装修和公务宴会上过分铺张。

她在白宫期间，为无数个慈善组织和机构工作，并且在感情和物质双方面对残疾人事业表现出了极大的热情。后来，她又开始关注美国年轻人滥用药物的行为，并且开发了一项长期计划，以鼓励国人对药物说"不"。里根总统去世之后，她仍然继续支持胚胎干细胞的研究，向年轻人宣传应该抵制吸毒和酒精。在她的书《轮到我》（1989）中，她客观地描述了自己的个人生活和在白宫中的日子。

1985年在瑞士的日内瓦，罗纳德·里根和苏联总理米哈伊尔·戈尔巴乔夫在一起。

丑闻！伊朗门事件

　　几个高层行政官员秘密向伊朗销售武器，以换取被伊朗俘虏的美国人质后，里根政权开始因伊朗门事件而出现危机。武器销售所获的利润用来资助尼加拉瓜反政府武装，以便同桑地诺政府对抗。参与此事的官员确信这个组织会阻止共产主义在美洲中部地区的传播。

　　1986年11月3日，一份报纸的报道揭露了这项交易。尽管里根承认自己知道销售武器一事，但是他说自己并非完全知情。月底，负责此交易的两位主要官员——国家安全顾问、海军上将约翰·鲍因德克斯特和其助手海军中校奥利佛·诺斯被迫辞职。1984年3月4日，里根总统表示对此事"负全责"，但是他没有承认伊朗的武器销售本质上是错误的。国会随后举行了对关键被告人的听证会。1987年，为向反政府武装提供秘密军事援助这一事件牵线搭桥的前中央情报局（CIA）局长威廉·凯西患癌症去世。1992年，这项丑闻中的5个联邦官员为其共谋犯，得到了乔治·布什的宽恕。

　　独立检举人劳伦斯·E·沃什于1994年1月做出最终报告，批评前总统布什和里根在1986年和1987年期间忽视了政府高级官员的秘密活动。然而，这份报告并没有指出这两位总统是否违反法律。

里根的名言：

　　"在如今这个世界上，如果军械库里没有军火或武器，对于渴望自由和追求道德的男人和女人来说，这是多么可怕的事情。"

　　"我们生活在一个自由市场社会中，应该相信发展、繁荣，以及人类最基本的自我满足都是以自下而上的方式而不是以自政府而下的方式创造出来的。只有当允许人类精神去发明去创造的时候，只有当赋予每个人决定经济政策的权利，并从他们的成功中受益的时候——只有在那个时候，社会才能保持经济上的活力、繁荣、进步和自由。"

关于里根的评论：

"里根创造了一种总统任期内拥有良好意愿和优雅的精神，并且过着普通美国人的生活。"

——爱德华·M.肯尼迪

"里根是这样一个人，你不可能郑重其事地和他讨论那些重大的议题……许多，许多次，当里根总统在场的时候，我和其他国会议员在一起，但是我没有哪一次感觉到，我们当中任何人的任何观点会在他那里通过，不过，他在参加会议前就持有的观点除外。"

——吉姆·怀特

乔治·赫伯特·沃克·布什
George Herbert Walker Bush
第四十一任总统（1989～1993年任职）

> "除非实行极高的道德原则，否则美国永远也不会是美国自己。我们作为美国人，现在就要有这么一个意愿。这会使我们的国家更加美好，也使世界变得更加文雅。"

乔治·赫伯特·沃克·布什竞选美国总统成功是他漫长的政治生涯完美的结局，他曾经当过国会议员、联合国大使、美国政府在中国的最高联络长官、中央情报局局长以及2任的副总统。由于罗纳德·里根总统个人声望的余晖照耀以及美国经济的繁荣状态，布什有关建立一个"友善、文雅的国家"的许诺有效地获得了中立者的支持。

他在总统生涯中目击了20世纪国际关系最深刻的变化。在他的任期内，随着苏联的解体冷战结束了。美国军队入侵巴拿马，推翻了巴拿马领导人蒙德尔·诺瑞加①政权。在波斯湾对伊拉克的海湾战争中，美军领导着国际联盟取得胜利。在拉丁美洲，布什的政策完全背离了冷战时的政策，并且放

---

① 蒙德尔·诺瑞加：巴拿马将军，文职总统幕后的实权人物。1989年任国防军总司令，取消了不利于他的选举结果。于是，美国军队入侵巴拿马，将他带到美国审判，他被判敲诈勒索、贩卖毒品和洗钱等罪，刑期40年。

弃了里根解决中美洲问题的军事策略，鼓励通过区域外交寻求解决方法并突出联合国的角色。

然而在国内事务上，总统和国会在许多事情上并没有达成一致。布什继承了沉重的国家债务，并且在4年内不得不面对被民主党控制的国会。虽然如此，总统还是说服国会通过了2项重要法案——《美国残疾人法案》及《净化空气法》。在里根政府反伊拉克丑闻时代之后，布什致力于恢复政府的凝聚力。《残疾人法案》将正常生活的美国人与精神和身体上受到影响的残疾人划为一类。布什1990年签署的《净化空气法修正案》，是一项在环境组织和企业间实施的法案，是在12年内首次更新和提高环境污染的标准。

从1983年开始迅速增长的美国经济到1991年停止了。《美国海关北美自由贸易协定》的签署以及1992年底经济复苏政策的失败，导致失业率增加。迫于降低财政赤字的压力以及军队在海湾战争中军费的增加，布什就财政及增加税收问题与国会达成妥协，尽管他在竞选活动中宣称不会增加税率。

离开政治舞台后，布什回到得克萨斯州，为主教派教会基金会服务。在他离职后的8年里，他见证了儿子乔治·W.布什成功当选为美国总统。

生平纪实

出生：1924年6月12日生于马萨诸塞州密尔顿市。

血统：英格兰。

父亲：普雷斯科特·布什，1895年5月15日出生于俄亥俄州哥伦布，1972年10月8日于纽约州纽约市逝世。

父亲的职业：银行投资家、康涅狄格州参议员。

母亲：桃乐茜·沃克·布什，1901年7月1日出生于缅因州沃克波因特附近，1992年11月19日在缅因州沃克波因特逝世。

妻子：芭芭拉·皮尔斯，1925年6月8日出生于纽约市。

子女：乔治·沃克·布什（1953～），罗宾·布什（1949～1953），约翰·埃利斯·"杰布"·布什（1956～），马文·布什（1956～），桃乐茜·布什（1959～）。

家庭住址：得克萨斯州休斯敦、缅因州肯纳邦克港。

宗教信仰：主教派。

教育：私人学校，马萨诸塞州安多弗菲利普学校，1945年在耶鲁取得学士学位。

任职总统前的工作：军队长官、商人。

兵役经历：美国海军少尉。

任职总统前的政务职务：议员、美国议院代表、美国大使、共和党主席、美国驻中国外交官、中央情报局局长。

政治党派：共和党。

就职年龄：64岁（1989年1月20日）。

离任总统后的职务：作家、公共发言人。

别名：波比。

著作：《注视未来》《一个转变的世界》《心跳》。

第一夫人：芭芭拉·皮尔斯·布什
（Barbara Pierce Bush）

芭芭拉·皮尔斯第一次遇见她未来的丈夫是在她16岁的时候，3年之后她放弃了史密斯学院的学习，嫁给了这位未来的总统。在40年的婚姻生活中，伴随着布什参军、商业发展及政治角色的各种转变，布什夫人随着丈夫搬了29次家。

作为第一夫人，芭芭拉·布什置身于推动志愿者服务及扫盲教育，并且最终成为为扫除文盲设立

的芭芭拉·布什基金会名誉主席。对家庭的投入以及温柔友好的风格，为她赢得了媒体和国民的赞许。她是在约翰·亚当斯之后，丈夫和儿子都是美国总统的第二位第一夫人。

布什的名言：

"我并不认为强迫力是一个人展示魅力、惊人与灵巧的手段，我认为，经历、坚韧性、指导如何与人交流是让事情变得更好的方法。"

"我是个保守的人，但我不是一颗坚果！"

关于布什的评论：

"我总是觉得，如果有任何可以批评布什的地方，那就是他的庄重和正直。"

——安德鲁·杨

1990年11月22日，布什总统看望驻沙特阿拉伯的美国军队，并一起庆祝感恩节。这些军队在"沙漠风暴行动"期间部署在沙特阿拉伯。

威廉·杰斐逊·克林顿

William Jefferson Clinton

第四十二任总统（1993～2001年任职）

"在美国没有什么不能由正确的美国做法解决的问题。"

47岁当选美国总统的威廉·杰斐逊·克林顿，在继西奥多·罗斯福和约翰·费茨杰拉德·肯尼迪之后成为美国最年轻的总统。与他们相似，克林顿是一个改革的理想主义者。他作为"不同类型的民主党人"竞选，并且推行一种"新盟约"，强调公共服务和个人的责任。在他任职的早期，为了保证共同责任，他签署了《家庭和医疗休假法案》①，这项法案的通过可以保证员工拥有不领薪的假期，以便照顾患病的家属而不被开除。

克林顿在他的第一个任期内花了很大的精力，建立国家的卫生保健体系。在一次颇具争议的行动中，他指名让第一夫人希拉里·罗德姆·克林顿作为改革活动的领导者。作为儿童事业的拥护者以及专业的律师，克林顿夫人毫无疑问地成为反对者攻击的焦点。这次本来认为会得到普遍赞扬的任命反而在一片指责声中收场。更

---

① 《家庭和医疗休假法案》：1993年美国通过了该法案，在一定的条件下，生了小孩之后或领养小孩之后，母亲或父亲最多可以有12周的产假。

糟糕的是，1993年向索马里派遣的维和部队以及在得克萨斯州的韦科市发生的宗教教徒袭击联邦军队事件，都以失败告终。更有甚者谴责说，克林顿从一个假冒的地产商怀特瓦特那里获得了非法好处。到1994年底，克林顿的支持率直落谷底，这也是从杜鲁门政府之后，民主党首次失去了国会的控制权。

有人说，比尔·克林顿在他的任期内一直采用强硬的政治手段。他以策略战胜共和党控制的新议会；议会曾威胁说，如果不取消公共医疗补助制及医疗保险制度项目，就将解散政府。他对此不予理会，共和党兑现了他们的威胁，却发现公众在指责议会而不是指责克林顿。

克林顿总统终于重新获得了动力。他提高了最低工资标准，并且将向学生提供贷款作为一项社会服务，同时还批准对联邦福利系统做一次全面的检查。

1996年，他成为继富兰克林·德拉诺·罗斯福之后第一个连任的民主党人，但是这种明显的好转并没有持续很长时间。谣言很快传出说，克林顿与白宫一名年轻的实习生有不正当关系，当他拒绝承认这一事件时，白宫开始弹劾他。克林顿最终被宣判无罪，但是他的名誉严重受损。除了维持了一段时间的安全和经济繁荣，他也因个人瑕疵，妨碍了其取得更大的成绩而为世人铭记。

生平纪实

出生：1946年8月19日生于阿肯色州霍普市。

血统：英格兰。

父亲：威廉·杰斐逊·布莱斯Ⅲ，1918年2月27日生于得克萨斯州谢尔曼市，1946年5月17日在密苏里州西克斯顿逝世。

父亲的职业：旅行推销员。

继父：罗杰·克林顿，生于1909年7月25日，于1967年6月6日逝世。

继父的职业：汽车推销商。

母亲：弗吉尼亚·戴尔·凯西迪·布雷斯·克林顿，1923年6月6日出生于阿肯色州博得考，1994年1月6日在阿肯色州的温泉城逝世。

妻子：希拉里·黛安·罗德姆，1947年10月26日生于伊利诺伊州芝加哥。

婚姻：1975年10月11日在阿肯色州费耶特维尔结婚。

子女：切尔西·维多利亚·克林顿（1980～ ）。

家庭住址：纽约查巴克区。

教育：1968年获乔治敦大学学士学位，曾就读于牛津大学，1973年从耶鲁大学获得法学博士学位。

宗教信仰：浸信会。

任职总统前的职务：教授、律师。

兵役经历：无。

任职总统前的政务职位：阿肯色州司法部长、阿肯色州州长。

以色列首相伊扎克·拉宾和巴勒斯坦领袖亚西尔·阿拉法特在白宫签署奥斯陆协议后，克林顿向他们表示祝贺。

政党： 民主党。

就职年龄： 47岁（1993年1月20日）。

离任总统后的工作： 作家、政治顾问。

别名： 比尔，斯里克·威利。

著作：《人民第一》《在历史和希望之间》《我的生活》。

第一夫人：希拉里·黛安·罗德姆·克林顿
（Hillary Diane Rodham Clinton）

希拉里·黛安·罗德姆卓越的学术能力以及非凡的领导才能从很早的时候就表现出来了。她从卫斯理大学和耶鲁法学院毕业，并且在法律和社会服务业中一直很出色。

希拉里·罗德姆·克林顿成为第一个被任命为官方职务的第一夫人——在她丈夫的国家医疗保健体系改革中担任特别小组主席。同时她还是第一位成为白宫配偶后仍然继续自己职业的人，一名受人尊重的律师。2000年她当选为美国国会参议员之后，成为第一位在丈夫离任后却担任政府职位的第一夫人。尽管她是保守派强

1997年，保守派共和党人、众议院发言人纽特·金格里奇（右）目睹克林顿第二次宣誓就职。

烈反对的一枚政治"避雷针"，但是她却得到了无数拥护者的支持，其中也包括她的丈夫。

丑闻！莫尼卡·莱温斯基事件

独立检举人肯尼斯·斯达调查克林顿参与阿肯色州的白水投资事件时，开始调查克林顿是否在一个前阿肯色政府雇员对他的性骚扰案件中做伪证。随后，莫尼卡·莱温斯基事件便突然发生。诉讼是由鲍拉·琼斯提起的，她指控1991年时任阿肯色州长的克林顿曾经对她进行过令人厌烦的求爱表示。那些试图寻找证明克林顿侵犯证据的律师偶然发现了莫尼卡·莱温斯基和克林顿的私情。

当时还是白宫实习生的莱温斯基和克林顿有过一段风流韵事，这件事她仅透露给了"朋友"琳达·特里普。特里普对她们的谈话所录制的磁带最终落入琼斯的律师肯尼斯·斯达手中。克林顿被传讯到琼斯案中申辩，但是他否认和莱温斯基有染。他也涉嫌要求莱温斯基做同样的否认。白水投资事件的检举人怀疑克林顿的证词，于是他们开始收集证据，以证明克林顿撒谎，并且掩盖莱温斯基事件。

1998年初，总统的风流韵事已经曝光，克林顿当即否认此事。在对此事的进一步调查中，他承认的确有此事，并且因为误导人民而道歉。斯达继续收集克林顿和莱温斯基私情的"证据"。到1998年底，国会开始以如下2个理由对克林顿进行弹劾——誓言下撒谎及妨碍司法。1999年2月，参议院最终宣告克林顿无罪。

克林顿的名言：

"我邀请你加入一个重组的社会。我们需要让我们的人民更加强大，他们可以在更小的世界里为自己的生活更好地承担更多的责任，这是所有人希望的……我们也需要社会拥有新的精神，一种我们紧密站在一起的精神，否则，我们的美国梦终将枯竭。我们的命运是与其他美国人的命运绑在一起的。"

"如果你能够活得足够长，你可能会犯一些错误。但是，如果你从中吸取教训，你将成为一个更加出色的人。这就是你如何处理困境的方法，而不是让困境来影响你。最主要的是要永不放弃、永不放弃、永不放弃。"

"当我16岁的时候，我表现得像40岁；当我40岁的时候，我表现得像16岁。"

关于克林顿的评论：

"克林顿先生最好在来这儿的时候注意安全，他最好能有个贴身保镖。"

——耶西·海姆议员

"比尔·克林顿不是我的首席指挥官。"

——奥立佛·诺斯

乔治·沃克·布什

George Walker Bush

第四十三任总统（2001~2009年任职）

"恐怖袭击可以动摇我们最高大的建筑，但是他们不可能动摇美国的根基。这些行动可以毁坏钢铁，但是丝毫不能动摇美国人钢铁一样的意志和决心。"

2000年，美国的舆论产生了非常大的分歧。作为对克林顿性丑闻事件的回应，共和党人以道德为说辞作为争辩中的有利因素，并找到那位表现出小心审慎者的儿子——乔治·沃克·布什，把他作为候选人。布什是得克萨斯州的州长，他标榜自己是"富有同情心的保守派"，当选为总统后一定会改变华盛顿的"风气"。

在竞选的那一天，布什的支持率低于戈尔。然而，这个结果因为在佛罗里达州的违规操作而遭受到严重的争议。最终，最高法院裁决取消佛罗里达州的部分投票，将总统职位给予布什，使得布什成为继约翰·昆西之后，第一个总统的儿子也取得总统一职的人。并且与昆西一样，他也赢得了这场颇具争议的竞选。布什掌权后，他说服国会

继里根之后，继续大规模地削减税收。2年之后，面对经济衰退的不利局面，他再次推行更大规模的降低税收。他通过增加对学生的年度标准化考试来规范教育改革。在国际事务上，布什改变了克林顿所倡导的政策路线。布什对那些他认为有损美国自身利益的国际条款持不信任态度，他拒绝了针对全球变暖而制定的长期协议——《京都议定书》。尽管缺乏美国的支持，《京都议定书》于2004年11月得到批准通过。

2001年9月11日，恐怖分子袭击了纽约市，华盛顿特区开始改变其管理重点。在恐怖袭击事件发生的几周后，布什发表声明，宣称对全世界的恐怖分子宣战，许多美国人重新站在了总统这一边。那年秋天，美国军队进入阿富汗，摧毁了支持基地组织的塔利班政府。

获悉伊拉克领导人萨达姆·侯赛因持有大规模杀伤性武器，并且会马上对美国造成威胁，布什说服国会批准对伊拉克进行军事打击。2003年的春天，不顾全球范围的反对，布什在美国历史上首次发动了率先向别国发动进攻的战争。尽管伊拉克政府倒台了，使得布什可以宣布"任务完成"，在他2004年竞选期间，美国还是处于战争状态，导致几千美军伤亡。

在布什第一个任期内，大范围的失业以及对伊拉克似乎毫无止境的占领，威胁着布什的连任。为了增强打击恐怖主义的强度和广度，布什在右翼基督教以及一次对其对手的诚信度进行抨击的活动的帮助下，打败了约翰·克里。带着"任命"继续他的日程，布什发誓要使用他的"政治资本"来改革社会安全体系，并且结束全球的恐怖袭击。

生平纪实

出生： 1946年7月16日出生于康涅狄格州纽黑文。

血统： 英格兰。

父亲： 乔治·赫伯特·沃克·布什，于1924年6月12日出生于马萨诸塞州密尔顿市。

父亲的职业： 萨帕塔石油和萨帕塔离岸公司的合作创始人、美国国会议员、中央情报局局长、共和党主席、美国副总统、美国总统。

母亲：芭芭拉·皮尔斯·布什，1925年6月8日出生于纽约市。

妻子：劳拉·韦尔奇，1946年11月4日生于得克萨斯州米德兰。

婚姻：1977年11月5日在得克萨斯州米德兰市结婚。

子女：芭芭拉·布什（1981～），詹娜·布什（1981～）。

家庭住址：得克萨斯州克劳福德市的布什农场。

教育：1968年在耶鲁大学获得学士学位，1975年在哈佛大学获得MBA学位。

宗教信仰：卫理宗。

任职总统前的职务：汤姆·布朗有限公司顾问团成员，布什投资公司的创始人、首席执行官，得克萨斯州棒球突击队主要合伙人。

兵役经历：得克萨斯州国家空军护卫队。

任职总统前的政务职位：得克萨斯州州长。

政党：共和党。

就职年龄：55岁（2001年1月20日）。

别名：W、灌木。

著作：《坚守任务》。

第一夫人：劳拉·韦尔奇·布什
（Laura Welch Bush）

劳拉·韦尔奇·布什获得了教育学学士学位和图书馆学的硕士学位，直到1981年双胞胎芭芭拉和詹娜出生，她一直都在从事这两方面的工作。

作为得克萨斯州州长和美国的第一夫人，布什夫人继续关注教育、文学及家庭事务。她的全民宣言"准备读书，准备学习"，强调了从上学

之前就要开始家庭教育。在每年的"全国书籍艺术节"她都表现出卓越的创作和叙述能力。尽管总被人认为很安静，2001年11月，布什夫人在丈夫的无线广播站上却代表阿富汗被压迫的妇女和儿童做了演讲，并且在丈夫2004年的连任竞选中扮演了非常积极的角色。

2001年9月11日，两架被劫持的飞机撞击位于纽约市的世贸大厦，导致两座大厦被毁，大约3000多人丧生。第三架飞机撞到华盛顿特区外的五角大楼，人们确信，驶向白宫的第四架飞机在宾夕法尼亚西部坠毁。

布什的名言：

"美国绝不是由鲜血或生命或泥土组合起来的，是理想将我们团结在一起，使我们心系一处，指引着我们向前；鼓舞我们超越自己，放弃个人利益，教导我们领会所谓"公民"的含义。每个孩子都必须学习这些原则，每个公民都必须坚持这些原则，每个移民都要接受这些原则，只有这样才能使我们的国家具有更多的美国特色。"

关于布什的评论：

"布什罕见的没有好奇心，反常的缺乏才智，令人惊奇的不善于表达，尤其的没有教养，特别的没有文化，并且还特别的以这些事情自豪。"

——英国评论家作家克里斯托弗·希钦斯

"当布什与你谈论事情的时候，你会觉得他在用内脏说话，你听不到民意调查人及顾问的声音在他背后盘旋。"

——迈克尔·波切洛斯

"乔治·布什并不是由美国选民的票数最多而当选总统的，而是由上帝任命的。"

——大威廉姆·波肯

附录：
就职演说辞精选

乔治·华盛顿

（George Washington）

在纽约的首任就职演说

1789年4月30日，星期四

参议院和众议院的各位同胞们：

这个月的14日，我收到了根据你们的命令传达到我手中的通知。在我的人生中经历了许多变化无常和起起落落，但是没有什么比这件事情更让我充满了忧虑和不安。一方面，我的国家已经向我发出召唤，让我来担任这个职位，对于她的召唤，我永远只能满怀深深的崇敬，决定从隐退中复出并肃然遵从她的召唤。此前我选择了隐退，那是我最为偏向的选择。我怀着满腔的喜悦和矢志不移的决心——誓愿以隐退作为我垂暮之年的归宿。一天又一天，岁月不饶人，渐渐催人老，我的身体更加频繁地出现不适。我越来越感受到隐退对我的必要性，同时因为习惯了这种生活，我也越来越珍爱这种生活，而且这种嗜好还在不断地加强。但是，另一方面，我的国家对我发出召唤，要求我担任的责任如此艰巨，艰巨到使我们国家最有才智、经验丰富的公民惊醒，都要开始怀疑自己是否有资格胜任这个重任，并且内心不由自主地充满了沮丧。如果一个人既没有继承高人一等的天资，也没有在民政管理职位上实践过，他就应该格外自觉地意识到自己的不足。在这种矛盾的心情中，我唯一敢于正式宣布的是，我会正确而公正地分析可能产生影响的每种情况，以此来恪尽职守，这将是我忠贞不渝的目标。我唯一敢于希望的是，如果我在行使这一职责的时候，因为沉溺于以前美好时刻的回忆，或者因为陶醉于同胞们对我超出一般的信任

220

而在感情上受到了影响，并因此在处理从来都没有尝试过的重大事件时，没有充分考虑到我能力上的不足和处理这种事的消极，那么，我希望误导我的这些动机能够减轻我的过错，也希望大家在评判这些错误导致的后果时，能够考虑这些动机的纯正而给予我一些偏袒。

　　这些就是我在尊奉公众召唤，赶赴总统一职时的感想。在此次担任第一任总统就职之际，如果我不热忱地祈求万能的上帝，那将是极其不合礼仪的行为。因为我们万能的上帝统治着整个宇宙，掌管着各个国家政府，神意的帮助能及时地弥补人类所有的缺陷与不足。诚愿上帝祝福我们，保佑这个为了美国人民的自由和幸福的重要目标而建立的政府，诚愿上帝保佑政府行政管理下的每个部门都能成功行使职能，发挥作用。在向这位公共利益和个人利益伟大的缔造者致以这一份敬意的时候，我相信自己，这些话语不仅仅表达了我自己的感想，也表达了你们的心声，同样，不仅仅是你和我，还表达了广大国民的心意。没有什么人能够比美国人民更坚定不移地承认并崇拜上帝了，上帝用他那"看不见的手"掌管着人类所有的事务。在美国人民迈向有特色的独立国家的进程中，我们所走的每一步看上去似乎都有一些神意产生的力量在保佑。联邦政府体制中的重要改革刚刚完成，美国人民经过深思熟虑后平静而从容地赞同如此众多截然不同的团体，正是这些方式促成了改革等事件的完成。如果没有这些虔诚的感恩所带来的回报，如果不是你们谦卑地期盼着上帝赐福于未来，这种方式是不可能与大多数政府的组建方式相提并论的。在当前这个决定性的时刻，我所产生的这些想法它们自己冲进了我的脑海中，确实是我深有感触，不能自已。你们也会和我有相同的感受吧！思考到这个问题，我相信，只有仰仗着上帝的力量，一个新兴的自由政府才能在进程中事事都顺利。

　　根据设立行政部门的条款，其中制定了总统的职责——"将他评价和判断为必要而有利的措施或者法案提请国会审议"。但是，在今天我与在座的各位会面的这个场合下，请恕我对这个问题不做进一步的讨论，我仅仅要提到的是伟大的宪法，正是它在今天把你们聚集在一起，在宪法之中还界定了各位的权力，并指明了你们应该关注的目标。在这些情况下，我不想对那些具体措施的可贵之处做任何建议和举荐，我要称颂的是那些被选中去规划这些办法的人，以及即将采纳这些措施的当选者所具备的才能、正直和爱国精神。这些可能与今天这个场合的气氛更为和谐一致，与激励我的内心情感也更为合宜。在这些最值得尊敬的品格中，我看到了最值得信赖的保证：第一，任何关于地方的偏见或者是对于地方的感情，任何观点上的分歧或者是党团派系之间的仇视，都不会让我们大家偏离全局观念与公平观念，只有这样才能维护好这个由不同地区和利益组成的联合政体；第二，我国国策将会以纯正且坚定不移的个人道德原则为基础，而且自由政府将会争取赢得民心和世界范围内的尊重，这一切特点足以显示这个自由政府的优越性。我对我们的国家怀有一片热诚的心，这鞭策着我愉悦满怀地憧憬着这幅伟大的蓝图。因为依据自然界的法则及发展趋向，在道德和幸福之间，在责任和义务之间，在谨守诚信宽容的政策和取得社会繁荣昌盛的成就之间，存在着密不可分的统一关系；同样，因为我们大家都坚信，我们的上帝亲自制定了亘古不变的秩序和权利法则，对于那些无视这些法则的国家他绝对不会慈眉善目，面带笑容；因为人们顺理成章地满怀着深情，把维护神圣的自由之火和共和制政府命运的希望都寄托在我们美国人民受命所实施的实验之上。

以上是请各位注意的一般性事务，除此之外，在当前这个时候，根据坚决反对共和制的各种意见的目的和性质，或是根据这些意见所引发的干扰程度，在必要的时候行使宪法第五条中规定的权力到底会带来多少益处和作用，这个问题还是留给你们自己做出判断和决定。对于这个问题，我无法借鉴过去所担任的工作经验，因此我就不提出具体的建议，而是再一次完全相信在座的各位会做出正确的判断，以及你们对公共利益的追求；因为我坚信，你们只要谨慎行事，不做出任何可能危及政府团结、有效和利益的修订，或者不做出那些将来会得到惨痛教训的修订，那么，你们对自由人特有权利的尊重、对整个社会和谐的关注，便会充分影响你们慎重地考虑一个问题——应该如何坚定不移地加强对自由人特有权利的尊重，又该如何安全且有益地促进整个社会的和谐。

除了以上意见以外，我还有一点要补充，这一点向众议院提出也许更为合适。我要说的这个意见和我自己有关，因此我会尽可能讲得简略一点。我第一次非常荣幸地响应国家的号召为国家效命，这个时候正赶上我们国家为自由而进行艰苦卓绝的奋战。我对这一职责的看法使得我不得不放弃任何物质上的回报。对于这一决定，我从来没有想到要违反。现在，我依然坚持让我产生这个决定的想法，因为，这种做法对于我来说是不合时宜的，所以我还是要坚持拒绝享有任何个人报酬。而出于现实的需要，行政部门享有俸禄这一规定和制度不可避免地可能永远存在下去。既然这样，我必须恳请大家，在估算我就任的这个职位所需要的费用时，请以我任期内为公共利益考虑所需的实际费用为限。

我已经把参加这一次聚会所有的感想和看法向在座的各位做出了陈述。现在马上就到了和各位告辞的时间了。不过，在这之前，我还要怀着谦卑的心情，再一次祈求仁爱的上帝赐福于我们，保佑我们。因为美国人民承蒙上帝的恩赐，有机会深思熟虑，而且为了保证联邦的安定，促进联邦的永久幸福，美国人民能够依靠一致的意见决定政府体制的意向，这一点是前所未有的。不仅如此，上帝显然还会同样地保佑我们不断开阔眼界，对各种问题展开商议和讨论，并采取英明果断的措施，依靠这些不可或缺的因素，本届政府一定能取得成功。

托马斯·杰斐逊

（Thomas Jefferson）

在华盛顿的首任就职演说

1801年3月4日，星期三

朋友们、同胞们：

我响应大家的召唤，担当我们国家最高行政长官这一职务。各位同胞在这里集会的时候对我寄予的厚望和关注，在此我表示由衷的感谢。凭诚心而论，我意识到这个伟大的任务是我微薄之力所不能企及的。当我就任总统这一职位的时候，一想到这一职责的重大责任，而我的力量又是如此菲薄，我的心中就诚惶诚恐，充满了忧虑。一个崛起中的新兴国家，广袤而富饶的国土延绵千里，各个工业企业生产出丰富多样的产品，被携带着跨越海洋，走出国门，与那些自我感觉强大而无视正义的国家和民族开展商业往来，这个国家将要飞速地奔向凡人的视野所不能预见到的命运——每当我默默地思考和期望着这些超凡卓越的目标时，我也看到了我们心爱的国家的荣誉、幸福和希望，而这些都与今天的这个议题和这次盛典息息相关。我常常羞于如此思考和期望，而且在这一项崇高的职务和宏大的事业面前，我感到了自己的卑微。在这里我看到了这么多朋友和同胞都来出席这个仪式，这提醒了我，不管遇到了任何困难，我都可以向我们的宪法提供的其他更高级别的权力机构寻找智慧、美德和热忱的资源，并依靠这些来解决所有的困难。如果不是这样，确确实实，我想我一定会感到万分沮丧，或者失望。因此，对于你们，各位先生们，各位掌有至高无上立法职责和那些与你们有关的职权的先生们，我们所有人上的都是同一只船，我鼓足勇气请求你们给予我指导和支持，只有这些才可能保证我们同舟共济，安然地行驶在这个充满矛盾因素的世界和纷争四起的海洋中。

就在我们所经历的一场争论之中，大家展开热烈的讨论，竞相奔走往来，初次见面的人，由于不习惯自由思考，不习惯把自己所想的说出来或写出来，看到此情此景，很可能会相顾失态。可是现在全国的民意已经做出了决定和判断，并且根据宪法的规定进行公布，当然，所有的意愿都应该遵从于法律的意愿，并自行妥当地安排，为了大家共同的利益，大家要团结一致，共同效力。大家也应该记得这样一条庄严而郑重的准则——尽管多数人的意愿在任何情况下都应该被采纳，但是那种意愿也必须合情合理才算是合法而公正的；少数人也拥有他们同等的权利，而且关于这一点，公平的法律应该给予保护，如果违反了这一点，那就应该是压迫行为。

那么，同胞们，让我们团结起来、同心同德吧！让我们恢复到正常

的社会交往中来，和睦相处、彼此友爱吧！没有这些，自由，甚至我们的
生命、生活本身都只能沦为无聊的事物。让我们再来反思一下，我们已经
将宗教的不容异说从我们的国土上消除殆尽，长期以来，人类因为宗教的
不容异说而流血，遭受折磨，如果现在我们主张政治上的不容异说，像进
行宗教迫害那样专横跋扈、邪恶难当，像进行宗教迫害一样引起痛苦和血
腥，那样我们所能得到的就微乎其微了。当旧的世界在经历痛苦的挣扎和
动乱中的变革期间，当怒不可遏的人们经受痛苦的痉挛，想要通过流血与
屠杀的方式寻求他们失去已久的自由时，那如同波浪般滚滚向前的动荡甚
至会传播到这一个遥远而和平的海岸，这并不令人感到惊奇，也并不令人
愉快。一些人对这种震撼的感觉和惊恐的程度可能会更加强烈，而其他人
感受到的可能相对又会比较少，至于说到采取安全保障的措施，人们的
观点也是众说纷纭，意见各不相同。但是，意见上的分歧并不是原则上
的分歧。遵循同一原则的我们像手足同胞一样，曾经被冠以许多不同的
名字——我们都是共和党人士，拥护共和政体的人；我们都是联邦主义
者，是联邦主义的拥护者。如果在我们这些人当中有任何人想让这个联邦
解散，或者改变它的共和体制，那么就让他们不受任何干扰地去做吧。因
为，安全的丰碑已经树立起来，在这里理智能够自由地与这种观点和行为
抗击，在这里，错误的观点是可以得到宽容的。我知道确实有一些忠诚的
人担心共和政府不会强大，或者担忧这个政府不够强大，可是最忠实的爱
国者会在这一成功的试验出现登峰造极的趋势时，仅仅因为理论上的和虚
幻的担心，认为这个世界寄予最美好希望的政府可能需要更多的能量来保
存它自己，就决定抛弃这个一直以来保证我们自由和安稳的政府吗？我相
信不会。相反的，我相信这个政府是世界上最强大的政府，我相信也只有
这个政府，在这里，在它所制定的法律的呼唤下，每一个人都会飞奔而
来，遵守法律规定的标准，而且当面对侵犯公共秩序的恶行时，他们会把
那些事情当作和自己息息相关的私人事情认真处理。有时候，据说，一个
人不能靠自己管理自己，那是靠不住的。那么，让其他人来管理自己就靠
得住吗？还是说要找出一个以国王形式出现的天使来管理这些人，是不是

这样才靠得住呢？还是让历史来回答这个问题吧！

那么，就让我们鼓起勇气，拿出信心吧，继续坚守我们自己的联邦同盟和共和党的原则，拥护联邦和代议制政府。由于自然存在着的浩瀚的海洋的分隔与阻挡，在全球四分之一广大的地区中发生的那种几乎是毁灭性的灾难与浩劫，并没有殃及到我们；我们的思想高尚不能纵容其他人思想的堕落，我们拥有上天赐予我们的广袤家园，在这片充裕的空间中，足以让我们和子孙后代繁衍生息，千秋万代；我们都怀抱着一个盼望已久的观念，那就是大家都享有发挥我们自己的才能的同等权利，享有通过自己的勤劳获得应有之物的同等权利，享有赢得我们同胞的尊敬与信赖的同等权利，这种尊敬与信赖不是因为我们的家庭出身，而是因为我们自己的行为和他们自己的感受。我们都受到了有益于产生良好影响的宗教的开化，并且已经立誓信教，虽然它们呈现出了各种各样不同的派别，但是所有的教派都教诲我们的民众要保有诚实、正直、节制、懂得感恩，以及对人仁爱的品德。我们承认这位操纵和掌管一切的上帝，并对他崇拜有加，上帝所做的这一切以及所行的方式证明它乐于看到人类获得现时的幸福，以及死后更大的幸福。要使我们成为一个幸福和繁荣的民族，有了这些赐予和保佑，还有什么别的东西是我们必需的呢？各位同胞，确实还有一样东西是我们仍然需要的。那就是一个明智而简朴的政府，它能够防止人们相互伤害对方，能够让人们自由地追求他们自己的事业，并能不断地获得进步，而且还要保证人们不能从那些劳工者的口中夺取他们辛勤劳动换来的面包（代指劳动所得）。这些是一个优秀的政府职能的一些要旨，也是我们要获得圆满幸福所必须具备的。

各位同胞，我即将进入职责的履行的过程之中，你们所珍爱的一切都包含在这种职责里，因此，我认为你们应该了解一下什么才是我所认为的我们的政府的基本原则，这些原则最终会使得我们的管理和政府任期成形。我会对它们所包含的范围尽量进行简要的陈述，只讲大致的原则，而不是它全部的范围限制。不管人们在社会地位、宗教派别、信仰观念或者政治观点上有什么不同，每一个人都应该享受到平等和绝对公正的待遇；

与所有的国家保持和平，开展正常的商业交往，建立真诚的国家间的友谊，不要和任何国家结成联盟，让国家陷入混乱之中；一定要维护各个州政府的权利，把它们当作最适合处理我们国家内部事物的机构和抵抗反共和势力最强大有力的堡垒；一定要保存和维护全国的政府机构充分而有效力地行使宪法所赋予的权力，因为它是我们获得在国内的和平和在国外的安全最后的靠山和希望；人民的选举权是革命之剑砍除而留下来的弊端，而在革命中并没有提供和平的补救方法，因此一定要十分警惕地关注和维护人民的选举权，这是对那些弊端温和而保险的矫正手段；一定要绝对服从多数人的决定，这是共和政体至关重要的原则，要是脱离这个原则，那就只好凭借武力，而这是专制政府的主要原则和直接起源；预备役部队（不作为正规军的一部分，准备在紧急情况下服役的武装力量）是和平时期与战争爆发紧急初期最好的依靠，直到要正规军来接替它，因此一定要训练有素，纪律严明；实行文职权力高于军事当局的政治体制；要节省国家和政府的开支与花销，这样有可能稍稍减轻劳动人民的负担；我们的债务要如数还清，应该把维护政府的信用当作神圣的义务；大力鼓励农业的发展，并鼓励以商业辅助农业；信息和知识要得以传播，受到公开审问的滥用和诽谤的传讯和提问要根据公众的理智和判断力为依据；保障宗教自由；保障新闻舆论的自由；以人身保护令（一种令状，传讯一方当事人出庭或见法官，作用是使该方从非法的拘禁中豁免）以及由公平选出的陪审团进行审判来保障人身自由。所有这些原则在革命和改革的年代就是明亮的星辰，它们在我们的前面闪烁，指引着我们向前迈进。我们的圣哲将他们的智慧贡献出来，我们的英雄将他们的鲜血贡献出来，前赴后继，为的就是实现这些原则。它们应该成为我们政治信念的信条和纲领，成为教育和指导民众的教科书，成为检验我们信任的部门和"公仆"服务的试金石；如果因为一时的失误，或者惊恐，我们迷失在这些原则之中，偏离了方向，那就让我们赶紧悬崖勒马，重新回到这条通向和平、自由和安全独一无二的大道上来吧。

　　各位公民，我就要向你们委派给我的这个职位奔赴而去。根据我担任过的许多职位相对较低的经验，我已经看到了，在所有职务中这是最困难最艰巨的一个。而且我也能够预期到，这注定了一个并不是十全十美的人从这个职位上退下来的时候很难保有像他就任时那样受到众人的爱戴和威望。我不敢奢望你们给予我和第一位也是最伟大的革命元勋（指美国第一任总统华盛顿）那样高度的信任，他那卓越的功劳和业绩让他得以在忠实史书中占据极其辉煌的一页篇幅，而我只是要求你们给予我足够的信任，让我能够坚定而高效地依据法律管理你们的事务。我可能会因为判断上的失误而常常出现一些过错。当我是正确的时候，那些没有站在宏观角度把控整个局面上的人，也会常常认为我是错误的。对于我自己将可能会犯下的错误，我请求大家给予宽容，这些错误绝对不是我故意犯下的；我还要请求你们支持反对别人的错误，那些人可能会谴责自己如果把事情的各个部分综合在一起通盘考虑，他们就不会犯下这样的错误。

从投票的结果来看，可见你们对我的过去甚为嘉许，这是我莫大的安慰；而我所渴望的是，现在这些给予我好评价的各位，今后依然能保持对我的这种好评。我将为此在我的职权范围内为其他各位效力，并为所有的同胞的幸福和自由而尽力。

接下来，仰仗你们的好意，授予我这一职务的权力，那我就先在此恭敬不如从命，就任这一职位。不管什么时候，只要你们意识到在你们的权力范围内做出比我更好的选择，我就会做好准备从这个职位上退下来。祝愿拥有掌控宇宙万物命运权力的上帝引导着我们的委员会成为最完善的机构，并为了你们的和平与繁荣，赐予他们一个值得称许的顺利的结果！

亚伯拉罕·林肯

（Abraham Lincoln）

首任就职演说

1861年3月4日，星期一

各位美国公民：

我遵从自我国政府成立那一天起就有的惯例，在这里对大家发表简短的讲话，并在"总统任职和履行职责"之前，在大家面前宣读美国宪法所制定的誓词。

当前，对于各种行政事务，我认为没有必要在这里进行探究和讨论，因为那些事务既非当行的急事，也不足以令人心情激动。

现在，在美国南方各州的公民好像存在着忧愁的情绪，人们担心，共和党执掌政权后，他们的财产、安全和生命健康保障将会受到威胁。然而，从来都不曾存在引起这种担忧的根据。其实，与此相反的非常充分的证据却是随处可见，并且可供他们检查试验。从此刻正向你们发表讲话的本人几乎所有的公开演讲那里，都能够寻找到类似的证据。我仅从其中一篇演说中摘引一小段。在这段话里面，我声明——我无意对各个蓄奴州里存在着的奴隶制度实施直接或间接的干预。我觉得，我既没有合法的权力这样去做，也没有这样做的意愿。

有些人提名并且投票选举我，他们在这样做的时候完全明白，我确实曾经发表过这一声明，而且还有其他许多诸如此类的声明，并且我从来没有宣布将其撤回。不仅仅这样，作为他们自身和我本人所需要遵行的共同规则，在竞选纲领中，他们还增加了一项为我所接纳的确定而有力的决议。现在，我将这个决议宣读如下：

"兹决议：维系各个州的各种权利不受侵犯，特别是维系每个州依据自己特有的判断来确定并掌握其内部制度的权利不受侵犯，这对于权力平衡有着至关重要的意义，而我们美国政治体制结构的改善和持久则依赖于这种权力的平衡。所以，对于采用武力非法侵入任何一个州或者领地，不管以何种借口，我们都要加以谴责并且将之视为一种严重的犯罪行为。"

我现在重新申明这些观点，唯一的目的就在于提请公众多加注意有关这一敏感事件至为确实的证据：任何一个地区的财产、和平和安全，都不会受到现在开始执行政务的新政府的危害。除此之外，我还要补充一点：根据宪法和法律，不管基于怎样的理由，各个州提出的符合法律规定的要求，政府不仅可以而且将十分乐意提供一切保护，并且对于所有地域都愉快地一视同仁地对待。有关逃避服役和对劳役者的引渡问题，存在很大的争议。下面我要宣读的条款，和任何其他的条款一样都明确地写在宪法当中：

"根据一州法律，凡是应在该州服兵役或者劳役者逃往他州的时候，不得因为任何其他州的法律或者条例解除其该项兵役或者劳役，而应该因其所服役之当事者的正当要求予以引渡。"

毋庸置疑，这一条款的制订者打算借助这一条款送还我们所说的逃跑的奴隶，但是，立法者的意图就是法律。既然国会的全部成员都发誓拥护整个宪法，也就是要拥护这一条款和其他任何条款。对于把与该条款有关的在逃奴隶"予以引渡"的提议，他们也是一致宣誓表示支持的。假如他们现在愿意和气安宁地做出努力，难道就不能以几乎相同的一致来订立并通过一项法律，并借由该法律恪守一致立下的那条誓言吗？

对于这一条款，联邦政府或者州政府应该予以实施，人们确实存在着某种分歧，但是这种分歧绝对和宏观的宗旨不相关。那么，如果奴隶需要被遣还的话，究竟应该由谁来负责这件事情，不管对于奴隶本人或是对其他人，这都没有太大的关系。难道会有人仅仅因为在如何恪守誓言的问题上发生无关紧要的争议，就心甘情愿地违反誓言吗？

另外，在一切有关这个问题的法律中，难道不应该加上文明且人道的法律中所有保障自由的条款，从而保证自由人在任何情况下都不会被作为奴隶遣还吗？与此同时，对于宪法中保障"每个州公民都应该享受各个州公民之一切特权和特免"的条款，难道就不能依法实施吗？

今天，在我正式宣誓的时候，并没有保留任何意见，也无意以任何苛刻的标准来解释宪法和法律，在国会通过的法案当中，虽然我并不想具体指出哪些是适合实施的，但是，我在此的确要向所有人建议，无论是处在官方地位还是个人位置，我们都得遵行那些未被废除的法令，这要比怡然自得地觉得其中某个法案违背宪法而去触犯它，要稳当妥贴得多。

根据我国宪法，自从第一任总统就职以来已经72年了。在这些年之中，有15位十分优秀的公民陆续执掌了美国政府的总统。在许许多多的艰难困苦之中，他们履行着自己分内的职责，从总体上来说都是很成功的。然而，按照宪法的规定，虽然有这样的先例可供我参考，但是，当我开始担任这个只有短暂4年任期的同一个职务时，现在所面临的困难却又是那样巨大而特殊。美国联邦的分裂在这之前仅仅是一种威胁，现在，它却已经成为可怕的行动了。

如果对一般的法律和我们的宪法加以考虑，我认为各个州所组成的联邦乃是永久性的。对于任何一个国家政府的基本大法，即使对于这种永久性没有明文的规定，也是不言自明的。我们可以确定地说，在组织政府的法律中，没有一个正式的政府设立有关终止宪法效力的条款。对于国家宪法中所有明文规定，我们只要继续执行，我们这个联邦就会永远存在下去——除非采取这部大法本身所没有规定的某种行动，否则我们是不可能摧毁整个联邦的。

另外要说的是，即使美利坚合众国并非一个正式的政府，而仅仅是一种各个州之间契约性的结合，那么，作为一份协约，难道它就可以由少于全体订约人的少数人平平静静地予以取消吗？协约的某一方可以违犯这份协约——或者说破坏它；但是，假如要废除它，难道不需要全体订约人的合法参与吗？

我们会发现，如果从这些普通原理再推理下去，就法律的观点来说，美国联邦就是永久性的，对于这个论断，联邦本身的历史已经予以证实了。美国联邦要比宪法久远很多。事实上，它是根据1774年的《联合条款》构成的，1776年的《独立宣言》使它臻于成熟并得以继续存在下去。1778年的《邦联条例》使它进一步成熟完善，那个时候，所有13个州都宣誓表明要保证联邦的永远存在。最终，1787年宣布制定宪法，目的之一便是"形成一个更完善的联邦"。

对于整个联邦来讲，假如只要一个州或者一部分州就可以合法地将其毁掉，那么，这个联邦就反而不如制定宪法以前完善了，因为它丧失了永久性这个要素。

如果从这些角度出发，任何州都不得仅仅由自己发出提议就可以合法脱离联邦；如果决议和法令具有这种效果，那么在法律上它们是无效的；对于任何一个州或者数个州境内反抗美国政府的暴动，关于其为叛乱还是革命，这要根据具体的情况来确定其性质。

原因在于，我认为从宪法和法律的角度来看，联邦是不可分裂的；我将尽我最大的努力，对于所有的州，务必使美国联邦法律得到切实的贯彻和实施，根据美国宪法本身的明确要求，这是我应该做的。我认为，这样做仅仅是出于一种分内的责任；在可行的范围内，我将会履行这项责任，除非我合法的主人——全体美国公民——禁止我使用这些必要的手段，或者通过某种权威方式，做出与此相反的指示。我相信，这种举动不会被视为一种要挟，它仅仅是联邦所明确宣布的目标——依照美国宪法，它要保卫和维系自身。

这样做并不需要流血和暴力，绝不会有这类事情发生，除非有人将此强加于联邦政府。对于赋予我的权力，我将用以保证联邦政府掌管、占有和支配属于它的财产和土地，以及关税征收和其他税款；除了达成这些目标所必需的措施，绝不会出现侵犯人民的权益的情况，而且无论在什么地方，都不会诉诸武力对付民众或者在人民中间挑起战争。在国内任何地区，不管出现什么严重而普遍的敌视联邦的情绪，甚至于妨碍当地有才能的人担当联邦公职，我们不会试图强迫当地的人民接受他们反感的外地人去担当那些职务。即使政府也许有严格而合法的权力强行使这些职位运转，但是这样做的企图不仅招致怨恨，而且难以行得通，所以，我认为最好的办法还是暂时舍弃这种类型的官职。

只要我们大家的邮件不遭到拒收，就会继续被递送到联邦各地。各地的民众应当尽可能培养并拥有这种绝对的安全感，这会极大地利于人们进行镇定的思考和省悟。对于在此指明的方针路线，我们将一直执行下去，假如形势和经验表明某种修改和变动是适宜的，那么这又另当别论了；并且，在任何的情况下，在一切的紧要时刻，我都将根据实际情况采取最佳的对策，希望能够和平地解决国家的困难，恢复兄弟一样的友爱和情感。

据说，有一些人在这个地区或那个地区想方设法试图毁掉整个联邦，甚至不惜利用一切借口非要达到目的不可。对于这一点，我没有肯定的意思也不想否认。但是假如事情果真是这样的话，对于这帮人等，我是不屑一顾的。然而，对于那些确实热爱美利坚合众国的公民们，难道我能够一直沉默下去吗？

将我们合众国的国家组织形式，连同它的一切利益、全部历史和所有希望全部毁掉，这是一个后果如此严重的问题。在处理之前，把我们之所以这样行事的真实意图搞清楚，难道不是明智之举么？假如你们要回避的灾祸可能实际上并不存在，在这样的情况之下，难道你们还要这样执迷不悟么？假如和你们亲身经历而想尽力逃避的一切灾难相比，你们将要涉足的灾祸更为深重的话，对于这条错误的道路，难道你们还要甘冒风险沿着它走下去，直到难以挽回的地步吗？

我们大家都以为，假如宪法规定的一切权利都能够得到保护，那么人人都会以身处联邦而感到满意知足。那么，究竟美国宪法明文规定的权利有哪一项真的被否定了？我觉得没有。令人感到欣慰的是，大家的想法都是相同的，没有人有胆量冒天下之大不韪而做这样的事情。要是你有这样的能力的话，那么请你举出一个例子加以证明，看看美国宪法明文规定的条款有哪一条确实曾经遭受到了亵渎。对于宪法明文规定的任何权利来说，假如多数人只凭其数量上的优势来侵夺少数人的权利，那么，从道德上说，或许这足以证明有必要发动一场革命——这种权利假如是极其重要的话，那么就可以更加肯定地进行革命了。不过事实并非如此。在美国宪法中，少数派别和个人的重要权利都一一被列出，这些权利的形式包括正面肯定或者反面否定，或者是给予保障，或者是以儆效尤；总而言之，这些都全部清清楚楚地加以明确规定，对此，也从来没有发生过任何争议。可是到目前为止，还未曾出现过一部基本法制定的专门的条款可以适用于在实际行政管理中可能出现的所有问题；没有什么先知可以预言会发生什么事情，也没有任何繁简适宜的文件所包括和阐述的法律条款足以应对所有可能发生的问题。例如，美国联邦或州政府要送交流亡的奴隶么？美国宪法之中没有明文的规定。又比如，美国国会在各个领地中会禁止奴隶制度么？宪法中没有明文的规定。再比如，美国国会必须维护在各个领地里的奴隶制度吗？宪法中也没有明文的规定。

我们关于宪法的一切争论就是从这类问题当中触发的，请允许我把争论者区分为多数派和少数派。少数派假如不赞同多数派，那么，多数派必须支持少数派，不然的话，政府就会停止运转。没有其他的替代办法；如果要使我们的政府继续存留下去，只有一方得到另一方的支持。在这样一种情况下，假如有一个少数派放弃支持政府而固执地脱离整个联邦，那么，他们便开创了不好的先例，这必然也会使他们内部导致分裂并且将他们自我葬送；因为在他们内部中的多数派拒绝少数派的控制时，他们中的少数派也会离他们而去。正如目前美国联邦中的一些州宣布脱离联邦一样，一两年之后，南部新联邦之中的一部分难道就不会再行脱离吗？目前所有意在分裂联邦的人们所接受的正是这样一种思想。

新联邦由这些州组织而成，难道它们之间真的具有完全一致的利益，而这种利益足以使它们彼此和睦相处而且能避免重新分裂吗？

显然，脱离联邦这种情况的核心观念正是无政府主义的实质所在。一个多数派别，为宪法的强制力和规范所制约，而且能够跟随公共舆论和情绪的审慎变化而变化，这才是自由的人民唯一真正的治理者。有谁否定它，那么谁就必然走向无政府状态或者是专制主义。完全一致的同意是不会出现的；作为一项永久性的举措，少数人的统治是完全不能接受的；所以，假如否认少数服从多数原则，那么结局只能是某种形式的无政府状态或者是专制统治而已。

我没有忘记，对于有关宪法的问题，有人曾经建议将其交由最高法院来判定；我也不会否认，在所有相同的情况下，虽然这种处理方式同样也值得政府其他的部门予以高度尊重和考虑，但是，在任何情况下，这种处理方式都必须得到诉讼对象及诉讼各方的遵守。对于某一个特定的案件，这种判决显然有可能出现谬误，但是，由于它所产生的负面影响只局限于这一个具体的案件，而且，这一案件还有可能被推翻，那么这绝对不会成为可以供其他案件援引的先例，而且，较之另一种不同的措施所产生的恶果，其后果可能更为容易承担。与此同时，正直的公民们应当承认，在影响全体公民的关键问题上，假如政府的政策也由最高法院通过判决做出不可改变的决定，那么，对于在个人诉讼的普通案件中的当事各方，一旦在他们之间做出这种判决，民众即不再是自己的统治者，他们实际上已将他们的政府交于那个显赫的法庭手中。这种看法没有丝毫攻击法庭和法官的意图。对于交付他们审判的案件，他们应当责无旁贷地以正当方式做出判决，假如有人试图用他们的裁定服务于政治目的，那也并不是他们的错。

对于我们国家一部分人来讲，他们相信奴隶制是正确的，应该予以延续；但是，另外一部分人则相信它是错误的，不应当任其扩展。这是唯一的实质性争论。在宪法中，关于逃亡奴隶的条款和取缔国外奴隶贸易的法律，两者都需贯彻实施，正如在人民的道德觉悟并不完全支持其法律的社会中，任何法律也必须强制执行一样。对于这两项法律所施加的义务，大多数民众是遵守的，少数人则对它们加以破坏。对于这种情况，我承认这是无法完全得以纠正的；而在南北双方分裂之后，情况将会比以前更趋极端。现在，没有彻底取消的国外奴隶贸易，最后会在一方的区域之内不受约束地活跃起来；而对另一方来讲，对于逃亡奴隶，现在不过交出其中的一部分，而将来会完全不交出的。

从地理环境上来讲，我们是无法相互分离的。我们不能把南北双方从彼此的位置上分开，也不能在它们之间竖起无法跨越的城墙。夫妻双方允许离婚，以后彼此不相见，也无法找到；可是我们国家的不同区域却不能这么做。它们不得不面面相觑，彼此往来，无论是友善的或者是敌视的，一定会一直持续下去。然而，在其分离后，双方交往是不是有可能比以前更为有利或更令人满意呢？外人之间订立的条约难道比朋友之间执行法律更为方便和容易吗？外人之间执行条约难道会比朋友之间执行法律更为忠诚么？假设你们走上前线，但是，你们不会永远战斗下去，当交战的双方两败俱伤而一无所获时，你们就会停止战斗，那时候，例如交往条件之类的老问题，同样还会等着你们双方。

在我们美国，随同它的所有机构，都属于在这块土地上居住的民众。无论何时，他们对现在的政体感到疲倦，即可行使他们的宪法权利予以改正，或适用革命的权利加以分裂或者推倒。我决不能漠然无视许多杰出的爱国公民渴望修改国家宪法这一个事实。虽然我没有提出修改宪法的具体建议，但是，我毫不迟疑地承认，对这一问题，人民拥有正常的权利，依照宪法本身规定的任何模式，他们可以行使这种权利。在目前的形势下，我应该支持而不应反对公民拥有修改宪法的合理机会。我还要大胆地补充一点，我认为以会议的方式修改宪法看起来更可取，如果是那样的话，可以让人民自己提出修正案，而不是仅仅让他们采取或者反对其他人提出的方案，而那些人并不是为了这个目的而专门选出来的，而且那些人提出的方案可能并非正好是人民乐于接受或者拒绝的方案。根据我所知道的情况，有一项拟议的宪法修正案已经获得了美国国会的通过，不过具体是哪一项修正案，目前我还没有见到，但是粗略知道其大概意思为：联邦政府永远不得干预各个州的内部体制，包括强迫某些人服劳役的制度。为了不误解我所说的话，我暂时违背我最初不打算谈论某些修正案的想法，而是想说明：这一条款现今既然有可能成为宪政法令，我便不反对使其更为明确和不可改变。

　　美国最高首脑的一切权力来源于人民，而为各个州的分离确定条件的任何权力，人民并没有授予他。假如人民有意于此，他们自己就能做到这一点，但是，经由人民授权的总统却与此事毫无关联。他的职责就是管理交到他手中的这一届政府，保持其原来的样子不变，并将它完整无损地移交到继任者手中。

　　最终人民会做出公正的裁决，为什么我们不能坚信这一点呢？除此之外，在这个世界上，难道还有更好的或能与此相匹的希望么？难道南北双方在目前的分歧之中都没有信心认为自己是站在正确的一边吗？假如代表永恒真理和正义的全能的上帝站在你们北方一边或者站在你们南方一边，那么，经过美国人民这个伟大法官的裁决之后，真理和正义定将取得胜利。

　　我的同胞们，对于整个问题，请大家进行镇静而细致的思考吧。任何有价值的事物都不会因为"花点时间"从容对待而失去。假如某个事情催促你们当中的任何一位迅速采取措施，而你又不可能仔细而谨慎地思量这一措施，这个时候如果你还要"花点时间"，就可能会使整个事情落空；但是，任何美好的事情都不会因为"花点时间"从容对待而落空。现在你们之中那些感到不满意的人，仍旧拥有过去那部完好无损的宪法；而且，对于那个敏感的问题，依据这部宪法，你们也拥有自己所制定的各项法律；即便新一届政府想要改变其中的任何一项法令，它也没有这样做的直接权力。在这场争执中，我们承认即使那些不满意的人属于正确的一方，然而，依旧没有任何充分的理由去采取仓促的行动。仍旧能够用最佳的方式化解我们眼下所有难题的是，智慧、爱国主义精神、基督教教义，以及对从没有抛弃这片受其恩惠的国土的上帝的坚定信念。

　　各位同胞，或许大家有所不满，但是内战这样一个重大问题，决定权并不在我手中，而是取决于你们。只要你们不当侵略者，政府是不会攻击你们的，你们便不会面临战斗。你们还没有对天起誓要毁掉政府，但是，我却将做出最庄重的誓言，要"保存、保护和保卫我们的政府"。

　　对于我的演讲，我真的不想结束。我还要说的是，我们是朋友而不是敌人。我们千万不要成为敌人。我们友谊的纽带，或许会因为情绪激动而紧绷，但是，绝对不可以折断。在这片辽阔的土地上，那种难以置信的回忆的琴弦从每一个战场和爱国者的墓穴出发，延伸到每一颗跳动的心脏和千家万户，我们天性中善的天使必将再度将它们拨动，到那个时候，嘹亮的联邦大团结之曲定会又一次奏响。

西奥多·罗斯福

（Theodore Roosevelt）

就职演说

1905年3月4日，星期六

各位同胞，与这个世界上的其他任何一个民族比较起来，我们更有理由感到慰藉。这种说法是虔诚的谦虚的，绝不是为了夸耀我们的力量。上帝恩赐我们，使我们有条件获得如此巨大的幸福安乐，我正是怀着这样的感激之情。我们得到上帝的认可，作为一个民族，在新的大陆建立了国民生活的基础。然而，作为时代的继承者，我们没有必要像古老的国家一般，承受以往遗留的文明加在我们身上的负担。为了自己的生存，我们没有必要和任何其他民族抗衡；然而，生活要求我们充满活力和勤勉，如果没有这些的话，伟岸刚强的美德就会一举消灭。假如我们不幸败北，在那种条件之下，那就是我们自己的错误；我们在过去获得的，以及我们深信未来会带给我们的成功，不应该使我们目空一切，而是要深刻地长久地对生活为我们提供的一切加深认识，充分地认识到我们肩负的重担，并勇敢地表明：在自由政府的带领之下，一个强盛的民族能够繁荣富强，不光物质生活是这样，精神生活也同样如此。

我们得到的东西很多，所以我们期待的理所当然也很多。对于他人，我们负有义务，对于自己也同样如此，这两个方面都不能逃避。我们已经成为一个伟大的国度，在同世界上其他国家交往的时候，这样一种事实就使得我们言行举止必须与负有这种责任的民族相一致。而对于其他的国家，不管是大国还是小国，我们的态度都必须表现得诚实、真挚和友善。不仅在语言方面，而且在行动方面，我们都必须表明：我们对于他们的一切权利持一种公正、宽容、承认的态度，我们用这种精神对待他们，我们热切地期望能从他们那里获得善意。可是，一个国家的正义和宽容，如同一个人的正义和宽容一般，是由强者而不是由弱者显示出来的。我们在特别谨慎地避免伤害别人的时候，同样必须保护自己不受到伤害。我们渴望着和平，但是，我们渴望的和平是公正的，是正义的。我们之所以这样渴望，是因为我们觉得这是正确的，而不是因为我们胆小懦弱。那些处事正义果敢的弱小国家绝对没有理由惧怕我们，而强大的国家则永远不能将我们作为横加侵略的对象。

我们国家和世界上其他强国的关系是非常重要的，但是更为重要的是我们国家内部的关系。在过去的125年当中，随着我们国家经历的财富、人口和实力的持续增长，正如每一个逐步强大起来的国家所遇到的情况一般，各种各样的问题也都难以避免地相应增加。实力从来都意味着责任和险境。我们的前辈们曾经面临某些危险，这些都是我们这个时代不复存在的。现在我们面对的则是其他类型的危险，前人对于这些危险的出现是无法预见的。在既复杂又紧张的现代生活中，我们的社会及政治肌体的每一个细胞都能感觉到巨大的变化，这些变化是过去半个世纪工业的异军突起所引起的。诸如在民主共和国的形式下管理各个州的事务，对于这个庞大而艰巨的实验，人们以前从未尝试过。我们曾经创造了奇迹一般的物质层面的幸福，并将我们的活力、自立能力和个人主观能动性发展到了相当的程度，同时也不可避免地带来了烦恼与忧虑。这些烦恼与忧虑和工业中心巨大的财富积累是密不可分的。很多事情取决于我们的实验是否可以成功，我们自己的幸福，而且人类的幸福都与此息息相关。假如我们不幸失败，就会动摇全世界自由自治政府的事业根基。所以，我们对于自己和当今世界，以及我们尚未出生的后代，肩负着重大的责任。我们找不到理由惧怕未来，但是，我们有充分的理由认真面对未来。对于摆在我们面前的问题，我们既不对自己隐瞒其严重性，也不怕以义无反顾的意志去处理这些问题，并最终正确解决这些问题。

可是，我们需要明白，虽然这些是新问题，并且摆在我们面前的任务不同于创立并维护这个共和国的前辈们所面对的任务；但是，倘若我们很好地履行自己的职责，那么，承担这些任务和正视这些问题所必须弘扬的精神仍旧没有变化。正如我们所知道的，自治是困难的。我们也知道，组成本民族的人民可以自由地表达自己的意愿，我们力求正确地管理自己的事务，没有哪一个民族像我们这样需要这样高尚的特性。可是我们坚信，先人们在过去创立了辉煌的事业，我们或许会有所背离。他们做了自己的工作，我们如今所享受的辉煌的遗产是他们留给我们的。我们相信，对于这份遗产，我们一定不会浪费，反而要进一步充实增加，留给我们的后代，留给我们后代的后代。鉴于此，无论在重大的危机中，还是在日常的事务中，我们都会显示出重视实际的智慧、英勇、坚毅和忍耐，尤其是为崇高理想献身等优良品质，而这些特质也使得亚伯拉罕·林肯时代维护这个共和国的人们永垂不朽。

约翰·费茨杰拉德·肯尼迪

（John Fitzgerald Kennedy）

就职演说

1961年1月20日，星期五

首席大法官先生、艾森豪威尔总统、尼克松副总统、杜鲁门总统、尊敬的牧师、各位同胞：

今天，我们并非庆祝一个政党的胜利，而是举行一次自由的庆典；

它象征着结束，又象征着开始；这意味着更新，也意味着变革。因为我已在你们和全能的上帝面前，做了跟我们祖先将近175年以前所拟定的相同的庄严誓词。

今日的世界已经不同于当时的世界了，因为人类自己手中握有巨大的力量，这种力量足以消灭一切形式的人类贫困和一切形式的人类生命。然而，我们祖先由于奋斗不息所维护的革命信仰，在世界各地仍受到争论。那信念就是：人权是上帝所赐，而并非来自政府的施予。

今天，我们仍不敢忘记我们是第一次革命的后代。此时此地，让我告诉我们的朋友，并且也告诉我们的敌人：这支火炬已传交新一代的美国人——他们出生在这个世纪，经历过战争的洗礼，受过严酷而艰苦的和平时期的熏陶，以我们古代的传统自豪，而且不愿目睹或容许我国一向为之奋斗的人权逐步被侵夺。当前在国内和全世界范围内我们对人权的奋斗也是义不容辞的。

不管那些国家是期盼我们吉星高照，还是对我们怀有恶意，我们都要让所有的国家都知道，为了确保自由的存在与实现，我们不惜付出任何代价，忍受任何重负，应付任何艰辛，支持任何朋友，反对任何敌人。

这是我们所保证的事业——而且还不只是这些。

对于那些和我们拥有共同文化和精神渊源的悠久盟邦，我们保证和他们做忠贞不渝的朋友。只要团结，在许多合作事业中，我们就几乎没有什么办不到。倘若分裂，我们则一事无成，因为在意见分歧、各行其是的情况下，我们便没有胆量迎接强有力的挑战。

对于那些我们欢迎其加入自由国家阵营的新国家，我们保证，绝不让一种殖民统治消失后，却以另一种更为残酷的暴政取而代之。我们不能总是指望他们会支持我们的观点，但是，我们却一直希望他们能坚决维护他们自身的自由——并应记住，那些愚蠢得要骑在虎背上以壮声势的人，结果会被老虎所吞噬。

对于那些住在布满半个地球的棚屋和村庄中，力求挣脱普遍贫困的桎梏的人们，不管需要多长时间，我们保证尽最大的努力帮助他们自立——这并不是因为共产党会那样做，也不是由于我们要求他们的选票，而是由于这样做是正确的。一个自由社会若不能帮助众多的穷人，那么它也不能保全少数的富有者。

对于我国边界以南的各姐妹共和国，我们提出一项特殊的保证——要把我们的美好诺言变成积极的行动，在争取进步的新联盟中，帮助自由的人民和自由政府来摆脱贫困的锁链。但这种为实现本身愿望而进行的和平革命不应被敌对国家染指和破坏。让我们所有的邻邦都知道，我们将与他们联合抵御在美洲任何地区出现的侵略或颠覆。让其他国家都知道，我们这个半球的人民决心做自己家园的主人。

对各个主权国家组成的世界性集合体——联合国，在今天这个战争工具发展速度超过和平工具的时代中，它是我们最后的也是最美好的希望。我们愿重申支持的诺言：防止它变成谩骂的讲坛，加强其对于新国和弱国的保护，并扩大其权力运用的范围。

最后，对于那些决意与我们为敌的国家，我们所要提供的不是保证而是要求：在科学所带来的危险的破坏力量有意或无意地把全人类毁灭之前，双方重新着手寻求和平。

我们不敢在他们面前示弱。因为只有当我们的武器充足到没有顾虑的时候，我们才能没有顾虑地确信这些武器永远不会派上用场。

可是，两个强有力的国家集团都不能从我们现行的进程中感到安慰，双方都因现代武器的开支而感到不胜负荷。对于致命的核武器的不断扩散，双方都产生了应有的惊骇，可是双方都在角逐，谋求改变那不稳定的威慑均衡，因为这种均衡可以暂时阻止人类最后一次战争的爆发。

因此，让我们重新开始！双方都应牢记，礼貌并不意味着懦弱，而诚意则永远需要经受验证。我们永远都不要因为畏惧而去谈判，但是我们永远也不要畏惧谈判。

让我们双方探究能使我们团结在一起的是什么问题，而不要虚耗心力于让我们产生分歧的问题。

让我们双方首次制订有关武器核查和管制认真而严格的方案，并且把那足以毁灭其他国家的漫无限制的力量置于所有国家的绝对管制之下。

让我们双方都谋求激发科学的神奇力量，而不是科学的恐怖威力。让我们共同探索宇宙，征服沙漠，消除疾病，开发海洋深处，并鼓励艺术和促进商业的发展。

让我们双方携手，在世界各个角落遵循以赛亚的命令——"打开沉重的枷锁，让被压迫者得自由"。

如果合作的第一步能够遏制重重猜疑，那么，让我们双方联合做一次新的努力吧，这不是追求新的力量均衡，而是建立一个新的有秩序的法治世界，在那个世界上，强者公正，弱者安全，和平在握。

在最初的一百天中所有的这一切不可能完成，也不会在最初的一千天中完成，也不会在本届政府任期中完成，甚至也不能在我们活在地球上的有生之年完成。

乔治·沃克·布什

（George Walker Bush）

首任就职演说

2001年1月20日，星期六

克林顿总统、尊贵的来宾和同胞们：

在历史上，权力的和平交接是罕见的，但是，在我们美国却是非常常见的。凭借一小段简短的誓言，悠久的传统被我们维系，而且新的开端得以开创。

首先，我得感谢克林顿总统对我们国家所做的贡献；同时也得感谢戈尔副总统在竞选中表现的风度和竞选之后的度量。

站在这里，我心中感到荣幸，也有谦卑。在我的前面，许许多多的美国领导人曾经走过，当然还会有很多人继续下去。我们所有人都在我们国家漫长的历程中有自己的位置；我们将一直走下去，但是，我们不会看到这个历程的终点。这个新世界处在一个继往开来的过程中，这个过程是一个从持有奴隶的社会变成主张自由的社会的历程，是一个强国保护世界而不占有世界，捍卫世界而不征服世界的历程。

这就是我们美国的历程——这个民族的历程并不是完美无缺的，可是这个历程属于一个世世代代被伟大和永恒的理想团结起来的民族。

在这些理想之中最伟大的理想就是正在展现出来的每一个美国人都拥有的诺言，即每一个人都应该享有机遇，没有谁生来就是无足轻重、微不足道的。

美国人民在生活和法律中有责任实践这一诺言。有时候我们虽然驻足不前，有时候拖延徘徊，但是，我们必须对这条道路信心十足。

在20世纪大部分的时间里，美国对自由民主的信念犹如波涛汹涌的海里的坚石。它在今天就像风中吹拂的种子，在许多国家降落并生根发芽。

信仰民主不仅是我们国家的信条，更是我们全人类本质的期望，是一个我们心中怀有却并不是独占的理想，是一个我们肩负并继承发扬的信念。即使已历经将近225年，然而，我们仍然有漫长的路途要走。

我们之中的许多公民赢得了成功，同时，也有一些人怀疑美国的承诺，甚至怀疑我们国家本身的正义。一些美国人进取的期望受到了退化的学校教育、潜在的偏见和出生环境的束缚。我们的分歧有时候如此之深，以至于我们虽然似乎同属于一个州，却像生活在迥然相异的国家一样。

对于这种状况，我们不能够接受，我们也不允许这种状况存在。团结一致这是每一代领导人和公民的庄严使命。我在此庄严宣誓：我将致力于建设一个正义和充满机会的统一国家。

因为在上帝那超越世俗力量的指导下，他把我们创造成为平等的个人，所以，我知道这是一个可以达到的目标。对于使我们团结和指引我们向前的原则，我们信心满怀。

血缘、出身或地域从来都没有将美国联合起来。是理想将我们团结在一起，使我们心系一处；指引着我们向前；鼓舞我们超越自己，放弃个人利益；教导我们领会所谓"公民"的含义。每个孩子都必须学习这些原则，每个公民都必须坚持这些原则，每个移民都要接受这些原则，只有这样才能使我们的国家具有更多（而不是更少）的美国特色。

今天，我们已经立下新的保证——通过文明、勇气、同情心和品格，实现我们国家的诺言。

在一个最理想的美国，对原则的遵守和对文明的关怀是完全适应的。一个文明的社会要求每一个公民心怀善良的意图，尊重彼此的性格，行事公平正义，懂得宽恕他人。

由于引起争议的事情看样子并没那么严重，有一些人似乎相信我们的政治在和平时期可能只会玩些琐碎的小花样。

然而，我们美国的任何利益从来都不是可有可无的。假如我们的国家不去领导争取自由的事业，那么，这个事业就没有领袖了。假如我们不能够引导孩子热爱知识和发挥个性，我们将会浪费他们的天赋，有损他们的理想。如果我们容许经济逐渐衰退的话，那么弱小者将会是受害最深的。

我们一定不会辜负天命的呼唤。其实文明不是一种技术或感情，它是清醒的抉择。选择信任，拒绝吹毛求疵；选择共同承担责任，拒绝混乱不堪的状态。假如我们将这个诺言坚守到底，我们迎来的将会是通往共同成功的路途。

最理想化的美国也是最为勇气可嘉的美国。在大萧条和战争时期，在抵御我们的共同危险成就我们共同利益的时刻，我们民族的勇气表现得淋漓尽致。如今，我们必须下决心，到底是让我们父辈的榜样激励我们，还是受到他们榜样的谴责。在繁荣盛世的情况下，我们也必须表现出我们的勇气，敢于正视问题，而不是把问题遗留给后代。

为了不使头脑无知和冷漠的心态将更多青年人的生命侵蚀掉，我们将共同努力重新兴建美国的学校。

为了不让我们的孩子陷入困境，而这些困境他们原本有能力避免，我们将改革社会福利和老年医疗保险制度。我们将减少税收，恢复经济的势头，嘉奖美国民众的辛勤劳动和努力的精神。为了避免国力衰弱带来的危险，我们将会建设起几乎完美的军事体系。在新的世纪，为了让大家没有新的恐惧，我们将会阻止大规模的杀伤性武器。

自由的敌人还有我们国家的敌人都应该明确无误地明白：美国将无愧历史继续主动参与国际事务，形成利于自由的势力和格局。我们将保卫我们的盟友和我们的切身利益。我们不会狂妄自大地展示自己的目标，我们将会坚忍不拔地面对侵略和邪恶的信念。我们将向所有的国家宣传孕育了我们国家的价值观。

一个最理想化的美国是一个富有怜悯之心的美国。在内心深处，我们明白：严重而长时间的贫穷不符合我们美国的诺言。

确定地说，不管我们怎样看待贫穷的根源，处于危难之中的儿童自己并没有过错。上帝并没有遗弃或虐待他们，他们的不幸在于缺乏爱。

监狱的增加不管多么有必要，都不能替代灵魂深处的期望和安宁。

苦难在哪里出现，责任就会在哪里出现。需要救助的美国人不是陌生人，而是国家的公民。不应当把他们视为麻烦，而应当被当作重点的救助对象。只要有任何美国人绝望，都会让我们大家伤心悲痛。

对于公共安全、公共卫生、人民权益与公共教育这些方面，政府负有很大的责任。热忱的同情心是我们整个美利坚民族的事情，而不仅仅是政府的责任。

有一些人穷困潦倒，所受的伤痛如此深重迫切，只有良师的指导或神职人员的祈祷才会发生效果。教会和慈善组织，犹太会堂和清真寺，以其人道主义的精神境界正在对我们的整个社会发生影响。在我们的规划和法律之中，它们将会占有一席圣地。

在我们国家，虽然许多人没有受过贫穷的苦难，但是，我们可以听一听那些人的心里话。

对于我们的国家，我可以承诺：当我们看到行路人在去往耶利哥的半路上受伤时，我们绝对不会袖手旁观。

最理想化的美国是这样一个国家——每个人的责任心都会得到珍视，也期待每个人都能担负起自己的责任。

鼓励民众承担责任，这并不是寻找替罪羊，而是热切呼唤良知。尽管需要奉献，但是这能带来更深的成就感。生活要得到充实，不仅仅在于选择，也在于信守承诺。如果致力于儿童事业和社会事业，我们会发觉这使我们获得了自由。

个人特质、公民职责、家庭关系、公平的原则，以及指引我们自由的不可计数的默默无闻的高尚行为——这些决定了我们的公共利益。

在生活中，我们有时候会被召唤着去做一些伟大的事情。每天，我们都受到召唤以非常大的爱心去做琐碎的工作，这是我们这个时代的一位圣人所说的。民主国家最重要的使命是依靠每一个人的力量完成的。

我将会严格遵守以下的原则，并以它们为指导：张弛有度地增强我对文明的信心，勇敢服务于公共利益，为了更广范围的正义和同情而坦率直言，提倡我们的责任感，并且争取为别人树立榜样。

我将通过所有这些途径将我们的历史传统在我们的时代发扬光大。

同政府的作为相比，你们个人的所作所为同样重要。我请求你们——不在乎个人的享乐，为广大群众造福；维护应该进行的改革不被随意破坏；以及从帮助自己的邻居开始做起，为国家奉献和服务。为了建设一个奉献的社会和一个有道德的国家，我请求你们大家做公民——做公民而不做旁观者，做公民而不做臣民，做有责任感的公民。

美国人是慷慨大度、坚强有毅力和正直公平的，这并不是因为我们相信自己，而是由于我们具有超越自己的信念。要是失去这种公民精神，任何政府项目都无法代替。而只要存在这种精神，任何邪恶都无法战胜它。

佩奇是弗吉尼亚州的政治家，在《独立宣言》签署之后，在写给杰斐逊的信中，他说："我们知道，跑得快的人不一定得冠军，争斗中的赢家也不一定是力量强大者。难道你不认为旋风中有一个指挥这场风暴的天使吗？"

杰斐逊来这里宣誓就职，从那时到现在已经过去了很多年。虽然时光和变化在逐渐累积，但是我们今天的主题，他会知道的，这就是：我们美国勇气十足的辉煌历史和保持尊严的质朴梦想。

我们不是撰写历史的人。史书作者的伟大理想和目标跨越时空，走向了永恒。但是，他的目标要通过我们的责任才能得以实现，而我们的责任是在造福他人之中才完成的。

今天，这个目标得以再次重申——永不倦怠、永不臣服、永不停歇地使我们的国家变得更公正、更慷慨；要坚决维护我们的生命以及每个人生命的尊严。

我们一直持续努力着，历史在推进着，那个天使仍旧在天空中指挥着这场大风暴。

愿上帝保护我们所有的人，愿上帝保佑我们美国！